Salomé Widmer

Ich will doch gar nicht hauen

Sich vertragen und verstehen: So lernen Kinder den Umgang mit anderen

CHRISTOPHORUS
mobile

Inhalt

Vorwort

„Nun vertragt euch doch mal!" – dieser Ausruf schallt tagtäglich ungezählte Male aus Kinderzimmern, ertönt auf Spielplätzen, in Kindergärten und Schulen. Irgendwann kommt der Zeitpunkt, an dem wir von unseren Kindern verlangen, daß sie sich in die Gruppe integrieren, daß sie sich nicht über Gebühr streiten oder wegen jeder Kleinigkeit anfangen zu weinen. Wir Eltern wünschen uns von ihnen, daß sie Konflikte lösen können, und zwar anders als mit der Faust. Mit anderen Worten: Wir erwarten von ihnen ein unauffälliges, entspanntes und kompetentes Verhalten in der Gruppe – eben ein „normales Sozialverhalten".

Doch was meinen wir überhaupt mit diesem Begriff „Sozialverhalten"? Wo lernen Kinder, was wir in dieser Beziehung von ihnen erwarten? Und wie können wir ihnen dabei helfen?

In Zeiten der Kleinfamilie ist der natürliche Umgang mit anderen Menschen, mit einer Gruppe – die sogenannte soziale Kompetenz – nicht mehr unbedingt ein selbstverständliches Nebenprodukt der

Erziehung, wie das früher oft der Fall war: Da lebten die Großeltern, die Eltern und Kinder – mindestens zwei – unter einem Dach. Aufgaben wie Abspülen, Aufräumen und Gartenarbeit wurden untereinander aufgeteilt. Häufig hatten die Kinder ein gemeinsames Zimmer, das Spielzeug und auch die Aufmerksamkeit der Bezugspersonen gehörten nicht einem allein. Die Kontakte der Kinder beschränkten sich nicht auf die Eltern, denn häufig waren Großeltern, Nachbarn, Freunde und Verwandte stark in das Familienleben eingebunden. So lernten die Kinder fast wie von selbst den Umgang mit anderen. Sie lernten zu teilen und Rücksicht zu üben. Denn nur dann funktionierte die „Gruppe Familie".

Einzelkinder haben diese Ausgangsbasis nicht. Sie verfügen meist über die ungeteilte Aufmerksamkeit ihrer Eltern, müssen ihr Spielzeug nicht teilen und werden immer einzeln angesprochen. Das Gruppenerlebnis lernen sie häufig erst im Kindergartenalter kennen.

Die Förderung des Verhaltens in der Gruppe erfordert also heute besondere Aufmerksamkeit von Eltern und Erzieherinnen. Am Sozialverhalten, also dem Verhalten in der Gruppe, messen wir zu einem wesentlichen Teil den Reifegrad von Kindern. Das zeigt, wie hoch Psychologen und Erzieherinnen den Stellenwert der Fähigkeit einschätzen, sich in einer Gruppe sicher bewegen zu können.

Gemeinsam zum „Du" und „Wir"

Wenn Kinder Schwierigkeiten bei der Lösung von Konflikten haben, sind wir Eltern oft die letzten, die davon erfahren.

Meist machen uns Freunde, Nachbarn oder Erzieherinnen darauf aufmerksam. Dann hören wir von mangelhaftem Sozialverhalten oder Integrationsvermögen, von Konfliktscheu oder schwacher sozialer Kompetenz. Und allzu schnell wird vom Problemkind, Außenseiter, Kindergartenrambo oder von der Heulsuse gesprochen. Diese Wörter machen zwar deutlich, daß andere Probleme mit unserem Kind haben. Sie vergessen aber, daß unser Kind mit seinem auffälligen Verhalten vor allem sein eigenes Unwohlsein, seine eigenen Schwierigkeiten ausdrückt. Denn eins ist sicher: Soziale Auffälligkeiten sind ein Hilferuf der betroffenen Kinder.

Dieses Signal gilt es ernst zu nehmen und – gemeinsam mit den Bezugspersonen des Kindes und dem Kind selbst – die vielfältigen Wege zu erforschen, die hin zum „Du" und „Wir" führen.

Gerade wenn sich der Erfahrungshorizont der Kinder erweitert, wenn sie in eine Kindergruppe kommen, wissen wir Eltern nicht mehr selbstverständlich über jeden ihrer Schritte Bescheid. Wir sind nicht mehr über alle Ereignisse oder Umstände, die zu sozial auffälligem Verhalten führen, im Bilde. Das Kind bewegt sich nun in einer gänzlich anderen Art von Gruppe, in der nicht dieselben Regeln gelten wie zu Hause. Es muß sich erst einmal orientieren und Verhaltensmuster suchen, die ihm helfen, in dieser Welt seinen Platz zu finden.

Im regelmäßigen Austausch mit den anderen Bezugspersonen der Kinder können wir aber eine Vertrauensbasis schaffen: eine, die uns hilft, bei sozialen Auffälligkeiten schneller auf die Spur möglicher

Gründe zu kommen. Aber häufig reagieren Eltern auf die Hinweise von Erzieherinnen oder Lehrerinnen mit Abwehr. Sie verwechseln das Interesse von Fachpersonen oder auch Bekannten an ihrem Kind mit Zweifeln an ihrer Fähigkeit als Vater oder Mutter. Wir müssen aber das Wohlergehen des Kindes in den Mittelpunkt stellen, und deshalb sollten wir anstatt mit Abwehr mit Offenheit auf die Äußerungen unserer Umwelt reagieren. Das ist einer der Wege, den wir auf der langen Strecke zum Sozialverhalten zurücklegen müssen.

Wir sind Vorbilder

Darüber hinaus sind wir als Vorbild gefragt, denn Kinder lernen von uns Erwachsenen. In uns sehen sie Vorbilder, die sie nicht nur äußerlich, sondern auch in ihrem Inneren nachahmen. An uns messen sie ihr Verhalten gegenüber anderen – ihr Sozialverhalten. Unser aktives Tun, aber auch das, was wir nicht tun, wirkt sich auf unsere Kinder aus. Sie orientieren sich an unseren Wertmaßstäben und unserer Einstellung.

Deshalb ist es unabdingbar, daß wir uns und unser eigenes Sozialverhalten selbst unter die Lupe nehmen. Wir müssen uns Zeit für uns und unsere Kinder nehmen, denn nur dann kann eine sinnvolle Auseinandersetzung mit dem Thema Sozialverhalten wirklich Früchte tragen. Je bewußter wir mit diesem Thema umgehen, um so mehr profitieren auch unsere Kinder – unsere „Nachahmer" – davon.

Ursache und Wirkung

Sich in eine Gruppe zu integrieren, Konflikte konstruktiv zu lösen, sich zurückzunehmen und dennoch zu seinen Bedürfnissen zu stehen, erfordert von Kindern Selbstvertrauen und Reife. Diese Grundlagen für ein entspanntes Verhalten in der Gruppe zu erlangen, ist eine Herausforderung für unsere Kinder und für uns. Für manche Kinder stellt dieser Entwicklungsschritt aus verschiedenen Gründen auch eine große Schwierigkeit dar. Die Ursachen für diese Schwierigkeiten zu ergründen und entsprechend auf die Kinder einzugehen, ist auch für Eltern, die ihr Kind gut kennen, nicht immer einfach. Vielleicht weiß das Kind nicht, was Teilen heißt. Möglicherweise hat es vor dem Eintritt in den Kindergarten nicht gelernt, daß nicht alles, was es will, auch ihm gehört. Oder es stand Zeit seines bisherigen Lebens im Mittelpunkt und kann nicht verstehen, daß die Aufmerksamkeit der erwachsenen Bezugsperson auch anderen gilt. Schimpfen und Strafen sind hier nicht angebracht. Denn damit würden wir das Kind im Stich lassen und ihm unsere Hilfe verweigern. Wenn wir feststellen oder darauf hingewiesen werden, daß sich unser Kind auffällig verhält, sollten wir vielmehr folgenden Gedanken in den Vordergrund stellen: Es gibt immer einen Grund, warum das Kind Probleme in der Gruppe hat oder sich unwohl fühlt, und es gibt immer einen Weg, ihm zu helfen.

Zwar streiten sich Kinder, Rangeleien finden statt und dabei fließen auch mal Tränen. Aber das ist noch lange kein Grund zur Besorgnis. Wenn aus Streitereien allerdings Prügeleien werden, wenn immer dieselben Kinder betroffen sind, dann ist es Zeit zu handeln. Eltern und

Erzieherinnen müssen eingreifen und Schlimmeres verhindern. Im Augenblick ihres Auftretens können solche Probleme oft nur mit deutlichen Worten entschärft werden. Doch was soll danach geschehen? Ist der Streit aus der Welt geschafft, wenn er durch Erwachsene beendet wurde? Wie können wir verstehen, was ein Streit eigentlich ist? Kann er sogar sinnvoll sein? Wie können wir Kindern helfen, sich nach einem Streit wieder zu entspannen und ihn wirklich zu verarbeiten?

Mit Ruhe, Geduld und viel Zeit müssen wir uns in solchen Situationen ganz auf die Kinder einlassen. Wir müssen ihnen helfen, Konflikterlebnisse zu verstehen und Aggressionsspannungen aufzulösen. Denn nur dann können sie reden, sich uns anvertrauen und gemeinsam mit uns nach Lösungen suchen.

Es gibt viele Wege, um problematische Konfliktverhaltensmuster mit Kindern aufzulösen und neue Verhaltensweisen zu erproben. Dieses Buch hilft Eltern mit Anregungen, Ideen und Denkanstößen, den Kindern wertvolle Partner auf diesem Weg zu sein und sie in ihrem Sozialverhalten zu fördern. Es gibt Tips für das wichtige Gespräch mit Erzieherinnen und Lehrerinnen und hilft, die Hilferufe der Kinder zu verstehen und ihre sozialen Fähigkeiten zu fördern. Mit Geschichten, Traumreisen, Spielen und Anregungen trägt es den vielfältigen Möglichkeiten Rechnung, mehr Spaß am Miteinander zu finden und Konflikte kreativ und friedlich zu lösen.

1

Ich ... Du ... Wir –
Vom Umgang mit anderen

Kinder lernen von den Eltern – Verhalten färbt ab

Kinder im Alter zwischen drei und sieben Jahren sind die großen Nachahmer. Sie lernen von Eltern und Erzieherinnen die Sprache, das Gehen und Stehen, allerlei Handgriffe und Tausende von Fähigkeiten. Sie lernen aber auch Verhaltensmuster und Gefühlslagen kennen. Fast wie Schwämme saugen sie die Art und Weise auf, wie wir Erwachsenen mit verschiedenen Alltagssituationen und anderen Menschen umgehen. Sind wir leicht zu ärgern oder die Ruhe selbst? Bin ich äußerlich ein sanfter Mensch, in dem aber eine Menge versteckter Aggressionen und Unzufriedenheit lauern? Unsere Kinder kennen uns gut und reagieren oft entsprechend dem Muster, das sie von uns Erwachsenen kennen.

Wenn Angelika, hin- und hergerissen zwischen Beruf und Familie, hektisch versuchte, tausend Dinge an einem Tag zu erledigen, war ihre Tochter Lara immer besonders weinerlich. Äußerlich funktionierte Angelika zwar bewundernswert. Innerlich aber war sie zum Zerreißen angespannt. Zu allem Streß kam dann noch das Gequengel von Lara, die sich nicht anziehen ließ und bei der kleinsten Berührung anfing zu weinen. Angelika empfand das fast als Provokation. Irgendwann lag sie abends nach solch einem Tag mit schlechter Laune im Bett. Ihr Mann reagierte darauf mit einer liebevollen Umarmung, worauf sie in Tränen ausbrach und sich den ganzen Streß von der Seele weinte. Dabei ging ihr auf, daß ihre Tochter stellvertretend für sie den ganzen Tag das zum Ausdruck gebracht hatte, was sie so mühsam unterdrückte: schlechte Laune und das Gefühl, bei jeder Gelegenheit am liebsten zu weinen.

Kleine Kinder sind oft wie Seismographen und können uns bewußt machen, wie es in uns aussieht. Sie sind wie Spiegel, die uns zeigen, wie wir uns verhalten.

Wenn wir feststellen oder erfahren, daß unser Kind sich im Beisein anderer auffällig verhält, müssen wir uns deshalb selbst einige kritische Fragen stellen. Möglicherweise imitiert das Kind in der Gruppe das Sozialverhalten der Eltern. Ein Kind hält sich auch im Sozialverhalten zunächst an das, was es kennt.

Das soziale Verhalten der Eltern ist ihm erstes Vorbild und Orientierungshilfe. Da Kinder sehr sensibel wahrnehmen und reagieren, ist es möglich, daß sie sogar das Verhalten imitieren, das wir tief in uns drin gerne an den Tag legen würden. Es kann also sein, daß Klein-Johannes auf den Tisch haut, weil er spürt, daß dies dem entspricht, was seine Mutter am liebsten tun würde.

Dem eigenen Verhalten auf der Spur

Nehmen Sie deshalb Ihr eigenes Sozialverhalten unter die Lupe. Der Fragebogen auf den folgenden Seiten soll Ihnen dabei helfen.

Beantworten Sie die Fragen zunächst ganz spontan. Kreuzen Sie an, wofür Sie sich in der beschriebenen Situation entscheiden würden. Dann folgt ein zweiter Durchgang: Horchen Sie diesmal tief in sich hinein. Versuchen Sie nicht die Antwort anzukreuzen, die dem entspricht, was Sie tatsächlich machen, sondern dem, was Sie gerne tun würden.

Vielleicht schlummert da noch eine ganz andere Art von sozialem Verhalten in Ihnen, die Sie nicht ausleben. Und vielleicht tut das Ihr Kind, stellvertretend für Sie.

Tip

Um unseren Kindern bei ihrem Umgang mit anderen zu helfen, dürfen wir folgende Dinge nicht vergessen:

- ○ Es ist schwierig und eine große Herausforderung, die geschriebenen und ungeschriebenen Gesetze einer Gruppe kennenzulernen und sich daran zu halten.
- ○ Zu einem großen Teil stimmen unsere Kinder ihr Sozialverhalten auf das der Eltern ab. Sie imitieren unsere Art, mit anderen umzugehen.
- ○ Je mehr sich ein Kind zutraut, je mehr kleine Erfolgserlebnisse es hat, desto mehr Selbstvertrauen wird es entwickeln und sich in der Gruppe souveräner und entspannter bewegen.

- ○ Jedem auffälligen Sozialverhalten liegt ein Unwohlsein des Kindes zugrunde; sein Verhalten ist ein Zeichen für sein Befinden. Deshalb sollten wir immer versuchen, die Ursachen aufzudecken.
- ○ Kinder brauchen Zeit und Geborgenheit, um über ihre Sorgen, die vielmals die Ursachen für Probleme in der Gruppe sind, reden zu können. Wenn wir ihnen diese Zeit geben, dann schaffen wir damit die Grundlage für ein Vertrauensverhältnis, in dem Hilfe möglich ist.
- ○ Kinder leben in einer gefühlsbetonten Welt voller Bilder. Sie lernen über Geschichten, Spiele und Symbole. Reden wir also nicht auf sie ein, um ihnen ein neues Verhalten nahezulegen, sondern benutzen wir die Sprache, die sie verstehen.

Wer ich bin, wer ich gerne wäre: ein Fragebogen

1. *Sie sind bei Freunden eingeladen, gemeinsam mit Menschen, die Sie nicht gut kennen. Es gibt keine Tischordnung. Wo setzen Sie sich hin?*

a) Ich versuche neben der Person zu sitzen, die ich noch am besten kenne.
b) Ich lasse zuerst die anderen Gäste Platz nehmen und setze mich auf den letzten, übriggebliebenen Stuhl.
c) Ich mache einen Vorschlag, wie wir uns gruppieren könnten. So sitzen nicht die Gäste nebeneinander, die sich ohnehin schon kennen.

2. *Sie spüren, daß zwischen zwei Ihrer Freunde ein Konflikt am Schwelen ist. Bis jetzt wurde nicht darüber gesprochen, aber die Stimmung ist nicht gut. Was tun Sie?*

a) Ich halte mich da raus und verhalte mich den beiden gegenüber wie immer. Schließlich weiß ich ja nichts von dem Streit.
b) Ich spreche meine Freunde auf die veränderte Stimmung an und schlage vor, offen darüber zu reden und eventuell auch dabei zu sein.
c) Ich frage die anderen Bekannten, ob ihnen auch etwas auffällt. Vielleicht sehe ich das Ganze ja falsch.

3. *Schon lange wollen Sie, daß im Büro nicht mehr geraucht wird. Ihr Chef ist aber Kettenraucher und läßt seine Bürotür immer offen. Der Raum, in dem Sie arbeiten, mieft ganz schön. Was tun Sie?*

a) Sie bitten Ihren Chef um ein Gespräch und weisen ihn darauf hin, daß er Rücksicht auf seine Mitarbeiterinnen zu nehmen hat. Falls er nicht mit der Raucherei aufhört, werden Sie sich an den höheren Vorgesetzten wenden.
b) Sie klären ab, wie die anderen in Ihrem Büro die Sache empfinden und setzen einen gemeinsamen Brief an den Chef auf, der von allen unterschrieben wird.
c) Sie leiden weiter und schauen sich insgeheim nach Möglichkeiten einer Versetzung um.

Punkteverteilung:

1.	a)	1	b)	2	c)	3
2.	a)	1	b)	3	c)	2
3.	a)	3	b)	2	c)	1

Auswertung:

3-4 Punkte

Sie sind eher introvertiert und schüchtern. Es ist nicht Ihre Art, sich zu holen, was sie wollen. Lieber halten Sie sich aus Konfliktsituationen heraus und leiden sehr darunter, wenn Sie trotzdem in solche hineingeraten. Meist geben Sie um des lieben Friedens willen nach. Daher fühlen Sie sich oft übergangen und nicht wahrgenommen. Ihnen fällt es aber schwer, für sich einzustehen und Ihre Rechte zu fordern.

6-7 Punkte

Sie sind der sozialaktive Typ. Welche Situation auch immer in einer Gruppe auftritt – ob es um Konflikte oder Wünsche geht –, Sie würden nie etwas im Alleingang machen. Für Sie gilt das Motto: Gemeinsam sind wir stark. Dahinter steckt auch das Bedürfnis, sich durch Rücksprache mit den anderen abzusichern und nicht alleine für etwas zur Verantwortung gezogen zu werden. Sie nehmen sich nur etwas, wenn alle einverstanden sind. So richtig wohl fühlen Sie sich erst, wenn Sie dafür gesorgt haben, daß es allen anderen auch gut geht.

8-9 Punkte

Sie haben ein gut ausgebildetes Selbstbewußtsein. Das Zusammenleben in einer Gruppe macht Ihnen keine Mühe, und Sie werden für Ihre guten Ideen und Vorschläge zur Verbesserung der Gruppensituation geschätzt. Sie sind eher die Anführerin als die Mitläuferin. Für Sie gibt es immer etwas, was man verändern könnte, und Sie scheuen sich nicht, Ihre Bedürfnisse und Wünsche anzumelden und notfalls auch ohne Rücksprache in der Gruppe durchzusetzen. Manchmal neigen Sie zu dem Glauben, daß Ihre Wünsche sowieso denen der ganzen Gruppe entsprechen.

Zauderer, Pioniere und Herdentiere – Eine Frage des Typs

In einer Gruppe von Menschen, egal ob Kinder oder Erwachsene, gibt es immer drei verschiedene Typen: der fast schüchterne, der hilfsbereite und der anführende Menschentyp. Man könnte sie kurz als den zurückhaltenden, den bewahrenden und den Pioniertyp bezeichnen. Jeder Mensch entspricht im wesentlichen einem dieser Typen.

Falsch wäre aber anzunehmen, daß jeder von uns klar nur einer dieser Arten von Sozialverhalten zuzuordnen wäre. Die meisten von uns sind Mischtypen. Einmal reagieren wir eher wie Zauderer, ein anderes Mal wie Anführer oder Bewahrer. Diese drei sind einfach Grundmuster, die den verschiedenen Möglichkeiten, sich in einer Gruppe zu bewegen, zugrunde liegen. Keines davon ist falsch oder minderwertig. Denn welchem Typus wir uns auch immer zugehörig fühlen – irgendwann im Leben haben wir gelernt, daß wir mit diesem Verhalten am besten zu dem kommen, was wir wollen. Es hat uns in einer prägenden, meist frühkindlichen Situation ge-

holfen, unsere Interessen zu wahren, war also sicherlich nicht falsch. **Die Psychologie weiß heute, daß der Mensch dazu neigt, einmal als richtig erfahrene Verhaltensweisen sein Leben lang als Muster mit zu tragen. Er wendet sie auch dann noch an, wenn sie nicht mehr unbedingt hilfreich sind.**

Kinder haben auch schon solche Verhaltensmuster, können aber noch nicht flexibel damit umgehen. Ihr Verhalten mag innerhalb der Familie funktionieren, weil das Kind dort viele Erfahrungen gesammelt hat. Außerhalb kann es aber sein, daß sich das Kind nicht ernst-, wahrgenommen und akzeptiert fühlt, verunsichert ist und sich „unpassend" verhält. Ein sozial flexibles und reifes Verhalten legen wir dann an den Tag, wenn wir fähig sind, zwischen diesen drei Verhaltensmustern zu wechseln und zu spüren, ob der Augenblick geeignet dazu ist, beispielsweise die Pionierrolle zu übernehmen. Wer immer anführen will, kommt schnell in die Außenseiterrolle. Wer immer anderen den Vortritt läßt, ebenso.

Selbstvertrauen gibt Sicherheit

Wer nur ein Verhalten in der Gruppe kennt, dem mangelt es häufig auch an Selbstwertgefühl und Selbstbewußtsein. Er traut sich nicht zu, die anderen Spielarten des Sozialverhaltens zu beherrschen. Sich einmal mit einer guten Idee an die Spitze der Gruppe stellen? Niemals, sicher finden die anderen die Idee doof! Einen schwelenden Konflikt offen ansprechen?

Das kann ins Auge gehen, also lieber raushalten, sonst bin ich der Dumme! Schauen wir uns die drei Typen noch einmal genau an:

○ **Zurückhaltende, introvertierte Menschen:** Sie haben oft ein schlecht ausgeprägtes Selbstwertgefühl. In Konfliktsituationen, vor allem in einer Gruppe, fühlen sie sich nicht als Herr der Lage. Deshalb ziehen sie sich zurück und gehen dem Konflikt aus dem Weg. Sie wissen zwar oft erstaunlich gut, was sie wollen, trauen sich aber nicht, diese Wünsche anzumelden.
Leitsatz: Was ich will, ist ja nicht so wichtig.

○ **Bewahrende, hilfsbereite Gruppenmenschen:** Sie beziehen ihr Selbstwertgefühl aus dem Eingebundensein in die Gruppe. Geht es darum, ureigenste Bedürfnisse zu benennen, sind sie hilflos. In Konfliktsituationen stellen sie ihre Wünsche oft ganz unbewußt hinter die der Gruppe.
Leitsatz: Was der Gruppe guttut, wird auch mir guttun.

○ **Pioniertypen:** Diese haben oft schon ein überdimensioniertes Selbstwertgefühl und nehmen ihre Bedürfnisse klar als diejenigen der Gruppe wahr. Im Konfliktfall versuchen sie, die Spannung mit Hauruck-Methoden aus der Welt zu schaffen.
Leitsatz: Was mir guttut, tut auch der Gruppe gut.

Wir alle möchten weder als Zauderer noch als unsensibler Hauruck-Typ erscheinen, sondern über eine gute Mischung aller drei Verhaltensmuster verfügen. In den meisten Situationen tun wir das auch. Wenn es allerdings richtig streßig und mühsam wird, kommen die ältesten und vertrautesten Verhaltensmuster ans Licht, die einem der oben genannten Verhaltenstypen oft sehr ähnlich sind. Dann werden wir eben zum Zauderer, zum Harmoniesüchtigen oder zum Hauruck-Typen und halten uns an die entsprechenden Leitsätze.

Diese Leitsätze existieren in uns allen, und wir geben sie auch an unsere Kinder weiter – bewußt oder unbewußt. Und das, obwohl wir uns alle wünschen, souverän und gelassen auf Konfliktsituationen reagieren zu können und zu einem Klima der Offenheit und des gegenseitigen Vertrauens beizutragen.

Als Eltern können wir aber nicht erwarten, daß unsere Kinder über all diese Eigenschaften und Fähigkeiten selbstverständlich verfügen, wenn wir nicht bereit sind, unser eigenes Sozialverhalten immer wieder zu durchleuchten und auch einmal zu ändern. Wenn wir im Konfliktfall aus einem gereizten „Das-laß-ich-mir-nicht-bieten"-Gefühl heraus auf unser Kind reagieren, wird es dies sicher imitieren, nicht gegenüber uns, sondern außerhalb der Familie, insbesondere in einer Gruppe. Denn zu Hause ist diese Rolle besetzt, und sie funktioniert. Angesichts der hohen Anforderung, sich in einer Gruppe an neue Regeln zu halten, nimmt das Kind dort dann instinktiv eine Rolle ein, die es kennt. Wir machen das doch auch nicht anders.

Nur Mut – Selbstvertrauen als Voraussetzung für soziale Kompetenz

Menschen mit einem gesunden Selbstbewußtsein und Selbstwertgefühl verfügen über Souveränität, Gelassenheit, Offenheit und Vertrauen. Sie haben keine Angst davor, Probleme anzupacken, weil sie gelernt haben, Probleme zu lösen. Wer dies kann, verfügt über Selbstkompetenz, das heißt, er traut sich etwas zu, ist eigenständig und selbständig. **Kinderpsychologen erachten die Selbstkompetenz als eine der wichtigsten Voraussetzungen für die soziale Kompetenz.**

Vergleichen wir das Anpacken von Problemen doch einmal mit dem Aufräumen.

Unordnung ist eines der Dinge, die im Leben zu Verunsicherung und Aggressivität führen können. Es macht angst nicht zu wissen, wo wichtige Sachen sind. Man kennt sich nicht mehr aus, und je länger man mit dem Aufräumen wartet, desto unüberschaubarer und beängstigender wird die Situation. Umgekehrt kann das Anpacken der Arbeit – zusammen mit einer vertrauten Person, die Mut macht – helfen, sich wieder als Herr der Lage zu fühlen. **Die Ursache der Aggression muß also angegangen werden – damit schwindet dann auch die Aggressivität.**

1

Im Kleinen wie im Großen

Wie soll ein Kind sozial kompetent werden? Wie soll es die hohe An- und Herausforderung, die geschriebenen und ungeschriebenen Regeln einer Gruppe erfassen und verinnerlichen, wenn es sich nicht einmal zutraut, kleinere Herausforderungen anzunehmen?

Wir müssen das Selbstwertgefühl der Kinder aufbauen, ihre Kompetenz fördern und ihnen helfen, Aufgaben wie Aufräumen und Malen mehr und mehr selbständig zu lösen. Damit geben wir ihnen die Voraussetzungen dafür, die große Aufgabe des Erlernens sozialer Kompetenz zu lösen.

Unsere Kinder stehen im Hort- und Kindergartenalter am Anfang einer langen Periode des Hineinwachsens in die Gemeinschaft der Menschen. Sie üben, auf dem Instrument Sozialverhalten zu spielen. In unserer Gesellschaft haben es dabei diejenigen Kinder leichter, die vom Charakter her zum zweiten „Sozialtyp" – dem bewahrenden – neigen, denn sie fallen in der Gruppe selten auf. Eher introvertierte, schüchterne Kinder hingegen brauchen Hilfe, um den Mut und das Selbstvertrauen zu gewinnen, für sich einzustehen. Kinder mit ausgeprägtem Pioniergeist und Selbstbehauptungswillen brauchen Situationen, in denen sie erfahren können, daß auch das Aufgehen in der Gruppe und das Sich-führen-lassen seinen Reiz hat und entspannend sein kann.

Zusammenarbeit muß sein: Die Geschichte von Nils

Die folgende Geschichte vom kleinen Nils zeigt, daß die Ursachen von aggressivem Verhalten manchmal gar nicht unmittelbar deutlich und nachvollziehbar sind. Die wirkliche Ursache für seine Prügelei im Kindergarten ist nicht der Zahnputzbecher, sondern ein Ohnmachtsgefühl gegenüber seinen kleinen Geschwistern. Diese bringen ständig seine Sachen durcheinander, Nils hat keinen eigenen, geschützten Raum mehr. Er kennt sich nicht mehr aus, fühlt sich unsicher und kann das Problem, das er mit seinen Geschwistern hat, nicht selbst angehen.

Im Kindergarten macht er dann eine ähnliche Erfahrung, und dies bringt das Faß zum Überlaufen. So wie Nils' Mutter die Ursachen für sein aggressives Verhalten herausfinden muß, gilt es bei Auffälligkeiten oft, zusammen mit der Erzieherin oder Lehrerin die wahren Gründe für das Fehlverhalten zu finden.

Nils' Beispiel illustriert, wie sehr es auf diese Zusammenarbeit ankommt. Denn nur seine Mutter kann wissen, wie er unter dem fehlenden geschützten Raum leidet. Sie weiß, warum der Vorfall im Kindergarten ihn so sehr getroffen hat. Erzählen Sie Ihrem Kind die folgende Geschichte von Nils, und lassen Sie es seine eigenen Ideen dazu beitragen. Fragen Sie Ihr Kind nach den Dingen, die es ärgern, so wie sich Nils über die Zwillinge ärgert.

Nils räumt auf: eine Geschichte

Nils ist sechs Jahre alt und geht noch in den Kindergarten. Er hat zwei Brüder, Lorenz und Johannes. Sie sind Zwillinge und noch ganz klein. Mama hat viel zu tun mit den beiden. Dauernd wollen sie was, findet Nils: essen, vorsingen, den Schnuller oder eine neue Windel. Mama ist ständig mit den beiden beschäftigt, und Nils meint, einer von beiden hätte als Bruder gereicht. Aber ihn hat man ja nicht gefragt. Es ist ganz schön schwierig, die beiden nicht anzubrüllen, wenn sie ihm mal wieder seine Legoburg kaputt gemacht oder seine Autos irgendwo in der Wohnung verstreut haben. Nicht mal fragen kann er die Zwillinge, wo sie die Autos hingetan haben, denn sie können nicht reden, noch nicht, sagt Mama. Sie sagt auch, daß sie noch so klein sind und es nicht mit Absicht tun. Deshalb darf Nils auch nicht so richtig mit ihnen schimpfen.

Manchmal, wenn Mama in Nils' Zimmer kommt, seufzt sie und sagt: „Nils, dieses Chaos in deinem Zimmer, jetzt räum' doch endlich mal auf." Aber Nils räumt nicht auf. Erstens ist das langweilig allein und zweitens hat es ja gar keinen Sinn. Lorenz und Johannes machen sowieso sofort wieder ein Chaos. Mit der Zeit findet Nils seine Sachen nicht mehr, alles ist so verstellt und verstreut, daß das Zimmer aussieht wie eine Müllhalde. Zum Glück ist Sommer, Nils kann draußen spielen. Und abends ist er sehr müde, da stört ihn die Müllhalde nicht.

Eines Tages ruft die Erzieherin zu Hause an. Mama redet ganz lange mit ihr. Danach schaut sie Nils irgendwie komisch an. Er ahnt schon warum. Heute morgen im Kindergarten hat er Silvio ziemlich verprügelt, weil der seinen Zahnputzbecher versteckt hatte. Die Erzieherin hat geschimpft, und er mußte raus vor die Tür.

Ungerecht ist das, fand Nils. Schließlich hat Silvio den Becher versteckt und erst gesagt, wo er ist, als Nils ihn gehauen hat. Nils war ganz schön verzweifelt, weil doch sein Opa ihm den schönen Becher mit dem Dino drauf geschenkt hat. Das ist sein Becher, und niemand darf ihn verstecken. Die Erwachsenen verstehen so etwas aber nicht. Da heißt es immer nur „Du darfst nicht prügeln", „Das tut man nicht".

Jetzt wird Mama bestimmt schimpfen, denkt Nils. Eigenartig, es geschieht nichts dergleichen. Statt dessen nimmt sie ihn nach dem Mittagessen auf den Schoß und sagt: „Heute mittag gehen wir mal in den Keller. Dort hab ich noch ganz tolle farbige Kisten. Die schenk' ich dir, und dann räumen wir zusammen dein Zimmer auf."

Soll das jetzt eine Strafe sein, fragt sich Nils. Aber nein, Mama schaut ganz lieb, gar nicht wie beim Schimpfen. Am Nachmittag geht's los. Nils schleppt mit Mama Kisten aus dem Keller. Sie lobt ihn, weil er schon so stark ist. Im Zimmer arbeiten die zwei mächtig, und Nils darf ganz alleine bestimmen, wie er seine Sachen einordnen möchte. Sie gehen auch ins Zimmer der Zwillinge und suchen die verlorenen Legoteile der Burg. Nils hat rote Backen. Er ist schwer damit beschäftigt, sich zu überlegen, ob die roten Legos alle in die rote Kiste sollen oder doch lieber alle zusammen in die blaue und die grüne. Mama läßt ihm Zeit, das herauszufinden.

Langsam verschwindet die Müllhalde, und am Abend, als Papa heimkommt, ist Nils' Zimmer nicht wiederzuerkennen. Beim Abendessen ist er auf einmal ganz still, und Mama fragt ihn, was los sei: „Jetzt ist alles so schön im Zimmer, und morgen, wenn ich vom Kindergarten komme, haben die Zwillinge sicher schon wieder alles durcheinandergebracht." „Nein, Nils", sagt Mama, „Lorenz und Johannes dürfen nicht mehr in dein Zimmer. Ich werde ihnen das schon beibringen, versprochen. Aber dafür kümmerst du dich darum, daß dein Zimmer so schön bleibt, okay?" Das verspricht Nils gerne.

2

Kindergartenrambo und Heulsuse –
Wie verhält sich mein Kind in der Gruppe?

Das soziale Verhalten von Kindern wird einerseits geprägt von den Erfahrungen, die sie in dieser Hinsicht mit ihren Eltern machen. Andererseits – das zeigen neueste Untersuchungen – sind die Erlebnisse mit anderen Kindern ebenso wichtig.

Bis zu dem Tag, an dem ein Kind in den Kindergarten oder Hort kommt, haben die Mutter oder der Vater die volle Übersicht über die Aktivitäten und das Verhalten des Kindes. Zwar besucht es ab und zu eine andere Familie, aber auch dort findet es die ihm bekannte Gruppenstruktur „Familie" vor. Bis auf wenige Ausnahmen verhält es sich dort ähnlich wie

zu Hause. Mag sein, daß Anna bei ihrer Freundin Lilly mehr zu Mittag ißt oder Nils bei Mario weniger oft fernsehen will – wenn diese Freundschaften das Kind schon lange begleiten, dann wird es sich dort fast genauso zu Hause fühlen wie bei Mama und Papa. Im geschützten Raum Familie, auch wenn es nicht die eigene ist, läßt sich das soziale Verhalten der Kinder nicht gut beobachten, es sei denn, es kommen wirklich mehr als zwei bis drei Kinder zusammen und die Erwachsenen halten sich im Hintergrund.

Eltern auf dem Beobachtungsposten

Auf dem Spielplatz können Eltern schon besser beobachten, wie es um das soziale Verhalten ihres Kindes bestellt ist, denn hier kommen auch fremde Kinder dazu. Halten Sie sich im Hintergrund, und beobachten Sie, wie sich Ihr Kind gegenüber anderen verhält. Greifen Sie nicht gleich ein, wenn sich ein Konflikt anbahnt, vielleicht finden die Kinder selbst eine Lösung. Sprechen Sie mit Ihrem Kind danach über die anderen Kinder. Wen mag es gerne, wen überhaupt nicht, und warum? Vor wem hat es Angst? Allerdings ist der Spielplatz noch ein relativ geschützter Rahmen, da Mütter oder Väter in greifbarer Nähe sind. Der Schritt in den Kindergarten oder Hort ist schon

- ○ **Kontaktaufnahme**
  Nimmt das Kind schnell Kontakt auf, oder spielt es für sich allein? Wie reagiert es auf andere Kinder, die mit ihm spielen wollen? Falls es mit Freunden spielt: Wie reagiert es auf andere, die mitspielen wollen?

- ○ **Spielvorschläge**
  Wie reagiert Ihr Kind, wenn andere ein Spiel vorschlagen? Macht es alles mit oder sagt es auch, wenn ihm etwas nicht paßt? Schlägt es selbst Spiele vor? Wie reagiert es, wenn die anderen nicht darauf eingehen?

- ○ **Teilen**
  Wie verhält sich das Kind in bezug auf Spielsachen und andere Dinge? Teilt es bereitwillig mit allen, nur mit Freunden oder gar nicht? Wie reagiert es, wenn andere ihr Spielzeug nicht teilen wollen?

größer, auch für uns Eltern: Das Kind verbringt nun einen Großteil des Tages in einer gänzlich anderen Art von Gruppe. Im Kindergarten gelten andere Gesetze und Regeln als zu Hause in der Familie. Da gibt es keine Mama, sondern eine Erzieherin, zu der man „Du, Frau Lehmann" sagt. Es gibt keine älteren oder jüngeren Geschwister, sondern gleichaltrige Kinder. Jedes Kind muß sich erst einmal zurechtfinden. Es sucht sich neue Verhaltensmuster, die ihm helfen, in dieser neuen Welt seinen Platz zu finden. Allzu gerne wüßten wir Eltern dann ab

und zu, wie sich unser Kind wohl verhält an diesem Ort, der für uns fast ein Geheimnis ist. Was dort geschieht, hören wir aus den Erzählungen der Kinder. Was ihnen dort wichtig ist, haben wir vielleicht noch nie gesehen. Jenes Kind, über das sich unseres ärgert, kennen wir nicht und ebensowenig die neue Freundin. **In dieser zusammengewürfelten Gruppe entscheiden die ersten Tage und Wochen darüber, ob sich das Kind einen Platz erobert, einen Platz zugewiesen bekommt oder sich an den Rand gedrängt fühlt.**

Von Grüppchen und Cliquen

Erzieherinnen versuchen meist, Cliquen zu vermeiden. Solche eingeschworenen Gemeinschaften neigen dazu, das Kommando zu übernehmen und starkes Konkurrenzverhalten zu verbreiten. Wir kennen das aus unserer Schulzeit: Wer nicht zur Clique gehörte, war ein Mensch zweiter Klasse. Oder es entstand eine Gegenclique, die versuchte, der anderen das Wasser abzugraben. Ganz schlimm wurde es, wenn man zu keiner der beiden Gruppen Zugang fand.

Natürlich gehört das Erlebnis einer dicken Freundschaft zwischen mehreren Kindern zu den schönen Erfahrungen der Kindheit. Es sollte jedoch nicht zu einer eingeschworenen Bande kommen und in der Freizeit, nicht im Kindergarten oder in der Schule, zum Tragen kommen. **Wie es um die Gruppendynamik steht, hören Väter und Mütter meist auf Elternabenden. Über einzelne Kinder wird hier jedoch nicht gesprochen. Diese Informationen müssen sich Eltern selbst holen – dann, wenn es keine Probleme gibt.**

Wann, wie oft, worüber? – Gespräche über das Kind

Wenn Sie erfahren wollen, wie sich Ihr Kind dort verhält, wo es fast die Hälfte seines Tages verbringt, so ist dies ein Zeichen dafür, daß Sie Ihre Erziehungsaufgabe ernst nehmen. Sie wissen, daß Ihr Kind seine Erlebnisse außer Haus mit in die Familie bringt und umgekehrt. Wir können als Eltern nur dann angemessen reagieren und dem Kind helfen, wenn wir im Bilde sind, wenn wir wissen, was es ohne uns erlebt. Lassen Sie sich also nicht beirren von dem immer wieder kursierenden Gerücht, daß Erzieherinnen die Eltern als Störfaktor in ihrer Arbeit betrachten und froh sind, wenn diese so wenig wie möglich in Erscheinung treten. Heute ist den meisten Menschen, die beruflich mit der Erziehung von Kindern zu tun haben, klar, daß diese Aufgabe nur in Zusammenarbeit mit den Eltern bewältigt werden kann. Dazu müssen Eltern und Erziehungsbeauftragte im Gespräch bleiben und einen regen Austausch pflegen, sich gegenseitig ernst- und Anregungen aufnehmen.

Wenn mit dem Eintritt des Kindes in den Kindergarten ein Vertrauensverhältnis zur Erzieherin aufgebaut wird und ein regelmäßiger Austausch über den Stand des Kindes beginnt, so kann Problemen im sozialen Verhalten besser begegnet werden. Trifft man sich erst dann, wenn Schwierigkeiten auftauchen, ist die Zusammenarbeit schwieriger: Man kennt sich zu wenig, und oft mißtraut man dem anderen sogar. Nutzen Sie also jede Gelegenheit, mit der Erzieherin zu sprechen.

Aufnahmegespräche

An manchen Schulen und Kindergärten gibt es sogenannte Aufnahmegespräche – die ideale Form der Kontaktaufnahme zwischen Eltern, Erzieherinnen und Kindern vor dem großen Schritt. Die Eltern erzählen von der Entwicklung des Kindes, seinen Schwächen, Stärken, Vorlieben und Abneigungen. Sie geben Einblick in ihre Erziehungsmaximen und ihre Familienstruktur. Die Erzieherinnen geben Auskunft über die Ziele, die im Kindergarten verfolgt werden. Sie führen Eltern und Kind durch die Räumlichkeiten, in denen sich das Kind bald ebenso zu Hause fühlen wird wie in seiner Familie. Im Spiel und manchmal auch mit kleinen Tests wie Zeichnen oder Bewegungsspielen nimmt die Erzieherin Kontakt zum Kind auf und erfährt, ob es schon die nötige Reife für den Eintritt in den Kindergarten oder die Schule hat. Erkundigen Sie sich in Ihrem Schulkreis, ob Sie zu einem Aufnahmegespräch eingeladen werden. In den meisten privaten Kindergärten und Schulen wie Waldorf oder Montessori sind sie die Regel. Inzwischen gibt es auch öffentliche Schulen und Kindergärten, die diese Gespräche nicht mehr missen möchten.

Falls Aufnahmegespräche nicht üblich sind, ergreifen Sie ruhig die Initiative und schlagen Sie der zukünftigen Erzieherin oder Lehrerin ein Gespräch vor. Wenn sie ablehnend reagiert, dann bitten Sie auf jeden Fall um einen regelmäßigen Austausch. Hat die Erzieherin auch damit ein

Problem, dann schauen Sie sich nach einem anderen Kindergarten um. Es kann nicht oft genug betont werden, daß die Erziehung des Kindes ein Gemeinschaftswerk von Eltern und Erzieherinnen sein muß.

Regelmäßiger Austausch

Das erste Gespräch sollte etwa sechs bis acht Wochen nach Eintritt des Kindes in den Kindergarten oder in die Schule erfolgen. Danach können die Gespräche in loser Folge, mindestens aber ein- bis zweimal jährlich stattfinden. Gelegenheit für einen kurzen Austausch ergibt sich oft dann, wenn Sie Ihr Kind vom Kindergarten oder von der Schule abholen. Wenn keine Probleme auftauchen, kann dies eine kurze Unterhaltung sein.

Was Eltern ansprechen sollten:

- den Charakter des Kindes, seine Eigenarten
- Veränderungen im Verhalten seit seinem Eintritt in den Kindergarten
- wie ein typischer Morgen oder Tag in Kindergarten/Hort/Schule verläuft
- spezielle Fragen, die Sie beschäftigen (vor dem Gespräch notieren)

Worauf Erzieherinnen eingehen sollten:

- wie sie das Kind erleben
- ob es sich seit dem letzten Gespräch verändert hat
- wie es sich in der Gruppe verhält

Besondere Vorkommnisse

In jeder Familie gibt es schwierige Momente, Tage oder Wochen: ein schlimmer Streit, die ernste Krankheit eines Familienmitgliedes, Arbeitslosigkeit, ein Todesfall oder eine Trennung. Diese Erlebnisse haben immer eine Wirkung auf das Kind. Auch wenn Erwachsene soviel wie möglich vom Kind fernhalten (was nicht immer das Beste ist), bekommt es mit, daß sich etwas verändert oder für eine bestimmte Zeit mehr oder weniger aus den Fugen gerät. Es beschäftigt sich damit und wird es in irgendeiner Form, möglicherweise auch durch sein Verhalten in der Gruppe, zum Ausdruck bringen. Die Erzieherinnen und Lehrer sollten auf jeden Fall erfahren, wenn so etwas geschieht. Denn nur dann können sie auf das veränderte Verhalten des Kindes angemessen reagieren.

Zögern Sie deshalb nicht, ihnen besondere Vorkommnisse mitzuteilen. Das muß nicht in aller Ausführlichkeit geschehen, aber doch so, daß sich die Erzieherin oder die Lehrer ein Bild davon machen können, was in dem Kind vorgeht.

Auch in der Gruppe gibt es Ereignisse, die ein Kind sehr beschäftigen können. Zu Hause erzählt es sicher davon. Bei kleineren Kindern sind diese Erzählungen manchmal recht verwirrend. Wenn Sie merken, daß in der Gruppe etwas vorgefallen ist, was das Kind nicht mehr losläßt, fragen Sie unbedingt bei der Erzieherin oder den Lehrern nach. Dann können Sie Ihrem Kind mit Geschichten und Gesprächen helfen, die Sache zu verarbeiten.

„Ihr Kind hat ein Problem" – Offenheit statt Abwehr

Der regelmäßige Kontakt mit der Kindergärtnerin oder Lehrerin schafft im Idealfall eine Vertrauensbasis, auf der die Bezugspersonen alle auftauchenden Probleme mit dem Kind in konstruktiver Weise angehen können. Wenn wir als Eltern in dieser Situation mit der sozialen Auffälligkeit unseres Kindes konfrontiert werden, können wir das Kind und sein Unwohlsein ohne Groll oder Unterstellungen in den Vordergrund stellen. Wir haben die Voraussetzungen hierzu mit unserem Verhältnis zur Erzieherin oder Lehrerin geschaffen. Was aber, wenn dieser regelmäßige Kontakt aus welchem Grund auch immer nicht möglich ist und die Vertrauensbasis noch nicht geschaffen werden konnte? Möglicherweise ruft uns die Erzieherin oder Lehrerin, die wir kaum kennen, eines Nachmittags völlig überraschend an. Sie bittet um ein Gespräch, da, wie sie sagt, Probleme mit dem Kind in der Gruppe aufgetaucht sind. Es sei auffällig wild oder zu still, bringe sich nicht ein oder verweigere sich der Gemeinschaft. Für Eltern kann das ein richtiger Schock sein.

Eine Freundin von mir, Mutter von drei Jungs, fühlte sich richtig ertappt, als die Erzieherin sie zu einem Gespräch einlud, weil ihr Sohn auffällig laut und wild sei. Eine innere Stimme sagte ihr daraufhin: „Da haben wir's! Du bist nicht fähig, deine Kinder zu erziehen. Dein Sohn ist

mißraten, weil du wegen deiner Arbeit zu oft weg bist. Jetzt mußt du in den Kindergarten und zugeben, was du falsch gemacht hast! Dein Sohn hat beispielsweise gestern eindeutig zu lang fern gesehen! Und am Sonntag? Da hast du keinen Fahrradausflug mit ihm gemacht, obwohl es versprochen war! Logisch ist das Kind aggressiv!" Die innere Stimme plagte sie richtiggehend und hielt ihr sämtliche inkonsequenten Momente ihrer Erziehung vor.
Bei dem Gespräch mit der Erzieherin reagierte sie mit trotziger Gegenwehr und Aggression. Die Unterhaltung endete für sie mit dem Eindruck: „Mein Kind ist nicht normal!" Erst nach einigen Tagen – mit etwas Distanz – war sie imstande, ihr natürliches Selbstvertrauen in die Fähigkeiten als Mutter wiederzufinden und zu ihrem Sohn zu stehen.

So geht es vielen Eltern, die an und für sich ein gesundes Selbstvertrauen haben und die so leicht nichts umwirft. Wenn aber Fachpersonen oder Bekannte Zweifel an unseren Fähigkeiten als Vater oder Mutter äußern, dann trifft uns das an einer empfindlichen Stelle. Der Hinweis, das Kind habe Probleme, es verhalte sich sozial auffällig, kann ein solcher Treffer ins Herz der Erziehung sein. Nicht selten reagieren wir dann mit Abwehr und Agression statt mit Gelassenheit: „Woher will die dumme Pute denn wissen, wie mein Kind wirklich ist!" oder „Die hat doch selber ein Problem!" So oder so ähnlich kann diese erste Reaktion aussehen. Eine aggressive Haltung ist in diesem Moment zwar verständlich, bringt dem Kind aber gar nichts. Bis auf wenige Ausnahmen ist es doch so, daß eine Erzieherin oder Lehrerin, wenn sie uns auf ein auffälliges Verhalten des Kindes hinweist und das Gespräch sucht, signalisiert: „Ich nehme meine Aufgabe ernst. Sie haben mir Ihr Kind anvertraut, und wenn es Probleme gibt, möchte ich sie mit Ihnen gemeinsam lösen". Verlangen wir diese Haltung nicht von allen Menschen, die in Kindergarten und Schule Verantwortung für unser Kind übernehmen? Dennoch fällt es uns schwer, damit zu leben, daß diese Menschen ein auffälliges Verhalten bei unserem Kind feststellen. Wir wollen, daß unsere Kinder geliebt und gemocht werden. Wenn wir nun mit ihren Problemen konfrontiert werden, schließen wir fälschlicherweise daraus, daß andere sie nicht mehr mögen. Das ist schlicht ein Trugschluß, der dazu führt, daß wir mit der betreffenden Person nicht mehr im Interesse des Kindes konstruktiv zusammenarbeiten können.

Selbstverständlich gilt es aber abzuwägen, wer uns auf eine Auffälligkeit des Kindes aufmerksam macht. Sagt uns eine Bekannte, die völlig andere Erziehungsmaximen hat als wir selbst, daß sich unser Kind einfach unmöglich benimmt? Oder spricht uns eine gute Freundin oder Erzieherin, die das Kind gut kennt, auf ein Problem an? Fest steht: **Alles, was im Stil einer**

> Anstatt aggressiv zu reagieren, sollten wir uns folgendes fragen:
>
> ○ Ist es nicht ein Zeichen echten Interesses für mein Kind, wenn jemand sein auffälliges Verhalten bemerkt und mich darauf anspricht?
> ○ Verwechsle ich den Hinweis auf ein Problem mit einer Kritik an mir?
> ○ Bin ich bereit, mein Kind und sein Problem in den Mittelpunkt des Interesses zu stellen und meine persönliche Kränkung zurückzunehmen?
> ○ Was hat die Erzieherin tatsächlich gesagt, und was habe ich eventuell hinein interpretiert?
> ○ Bin ich bereit, das Problem selbst zu betrachten, oder gebe ich sofort jemandem – mir selbst, dem Kind, der Erzieherin, anderen Kindern, dem Partner etc. – die Schuld daran?
> ○ Was kann ich beitragen, um die Ursache herauszufinden und meinem Kind zu helfen?

reinen Bemängelung des Kindes daherkommt, soll und darf uns nicht berühren. Niemand hat das Recht, ein Kind zu kritisieren. Wer sich ernstlich mit ihm auseinandersetzt, wird auch immer zu verstehen geben, daß er gemeinsam mit uns herausfinden möchte, wie man dem Kind helfen kann. Nur dies ist ein ernstzunehmender und hilfreicher Gesprächsansatz. Sollte dieser im Gespräch mit der Erzieherin oder Lehrerin fehlen, so müssen Eltern darauf hinweisen und damit dem Gespräch die richtige Richtung geben.

Ganz anders als zu Hause? –
Besuche in Hort, Kindergarten oder Schule

an einer gesunden Entwicklung der Kinder ist die Kamera getreten. Sie befaßt sich nicht mit den Kindern, sondern überwacht und dokumentiert ihren Tagesablauf unreflektiert.

Als Eltern sollten wir uns ab und zu in die für das Kind ganz alltägliche Situation im Hort, Kindergarten oder in der Schule begeben. Nichts gibt mehr Aufschluß über sein Verhalten als unsere eigene Erfahrung. Natürlich wäre es wunderbar, sich unsichtbar zu machen, denn so könnte ein ganz unverfälschtes Bild entstehen. Wer weiß, vielleicht verhält sich das Kind ganz anders, wenn Mama oder Papa da sind. In Amerika und Japan werden neuerdings Kindergärten und -krippen mit Kameras ausgerüstet, so daß die Eltern ihren Sprößling jederzeit über Internet beobachten können. Das mag auf den ersten Blick verlockend erscheinen, ist aber eine äußerst bedenkliche Entwicklung. Sie macht deutlich, daß Eltern und Erzieherinnen einander dort nicht mehr vertrauen wollen oder können. An die Stelle des Gespräches und des gemeinsamen Interesses

Unsichtbar oder mittendrin?

Sprechen Sie mit der Erzieherin ab, ob ein Besuch möglich ist, wann Sie kommen können und wie sie sich den Besuch wünscht. Einigen Sie sich dabei auf eine der folgenden Besuchsarten:

○ **Passiv:** Manche Erzieherin wünscht sich den Elternbesuch im Hintergrund, fast unsichtbar. Das hat den Vorteil, daß das Kind nach der ersten Aufregung über Mamas Besuch kaum noch Notiz von ihr nimmt. Es verhält sich fast genau so, als ob die Mutter nicht da wäre. Sprechen Sie Ihr Kind nach der Begrüßung nicht mehr an, ermahnen Sie es nicht, und bieten Sie ihm keine Hilfe an.

○ **Aktiv:** Vielleicht möchte die Erzieherin, daß Sie sich aktiv am Geschehen beteiligen und für einen Morgen zur zweiten Erzieherin werden. Auf diese Art lernen Sie die Gruppe beim gemeinsamen Spielen und Werken kennen, haben aber weniger die Möglichkeit, ruhig zu beobachten. Achten Sie bei dieser Besuchsform darauf, daß Sie nicht ausschließlich für Ihr eigenes Kind da sind.

Ein Besuch der Eltern in der Gruppe gibt dem Kind die Sicherheit, daß seine Eltern wissen, wovon es spricht. Die Eltern kennen seine Spielgefährten und ebenso die Räumlichkeiten des Kindergartens. Dies animiert ein Kind dazu, von seinen Erlebnissen dort zu erzählen. Wir alle unterhalten uns lieber über Dinge, die dem anderen bekannt sind und zu denen er deshalb auch etwas sagen kann.

Für Schulbesuche gelten dieselben Regeln. Dort haben Sie allerdings selten die Möglichkeit, aktiv in der Gruppe mitzuhelfen. Wollen Sie dies trotzdem tun, dann bieten Sie der Lehrerin Ihre Hilfe bei besonderen Unternehmungen der Klasse an.

Wie reagiert Ihr Kind?

Aus dem Verhalten des Kindes bei Ihrem Besuch in der Gruppe können Sie eine Menge herauslesen. Die Anwesenheit von Mutter oder Vater stellt eine besondere Situation dar. Die meisten Kinder reagieren darauf mit einer Verstärkung des Verhaltens, das sie in Abwesenheit der Eltern in der Gruppe an den Tag legen. Achten Sie darauf, wie Ihr Kind mit der Tatsache umgeht, daß Sie dabei sind, und sprechen Sie danach auf jeden Fall mit der Erzieherin über Ihre Beobachtungen. Vielleicht machen Sie folgende Erfahrungen.

❍ **Mein Kind klammert sich beim Besuch an mich und verliert das Interesse an den anderen:** Dieses Kind braucht noch etwas Ermunterung und Selbstvertrauen, um in der Gruppe zu bestehen. Es macht gerade eine für das Kindergartenalter typische und völlig unbedenkliche Phase des Rückfalls ins Kleinkindalter durch oder ist wirklich noch nicht ganz reif für den Kindergartenalltag. Helfen Sie ihm, indem Sie es ermuntern, Ihnen die Spielsachen und Räumlichkeiten in „seinem" Kindergarten zu zeigen und so an Ihrer Hand diese eigene Welt ein Stückchen mehr zu erobern.

❍ **Mein Kind trumpft auf und lenkt meine Aufmerksamkeit mit Albernheiten auf sich:** Das Kind lebt seine Unsicherheit mit einem gegen außen gerichteten Verhalten aus. Trotz seiner kleinen Prahlereien und Albernheiten hat es seinen Platz in der Gruppe noch nicht gefunden. Manche Kinder behelfen sich in solch einer Situation damit, die Rolle des „Pausenclowns" zu übernehmen. Sie signalisieren damit, daß sie sich nicht wahr- und ernst genommen fühlen. Fordern Sie Ihr Kind dazu auf, Ihnen etwas zu zeigen, was es besonders gut kann, was es bereits gebastelt, gemalt oder gebaut hat. Diese Kinder brauchen viel Lob, wenn sie selbst etwas zu Ende gebracht haben, und keine übertriebenen Ermahnungen.

❍ **Mein Kind kümmert sich nach kurzer Zeit eigentlich gar nicht mehr um meine Anwesenheit:** Das ist das beste Zeichen dafür, daß sich Ihr Kind in der Gruppe wohl fühlt und Sie nicht vermißt. Eine zusätzliche Stärkung seines Selbstvertrauens ist nicht notwendig. Ihm tut es einfach gut, daß Sie da sind und seine Welt kennenlernen.

Jedes Kind ist anders – Temperament, Charakter und Verhaltensmuster

Jeder Mensch hat seine eigene Art, an das Leben heran- und mit seinen Mitmenschen umzugehen. Um diese verschiedenen Arten zu umschreiben, gibt es unzählige Modelle. Häufig ist die Rede von den vier Temperamenten und von Charaktereigenschaften. Da gibt es die quirligen, etwas vorschnellen und fröhlichen Sanguiniker, die bedächtigen, langsamen und gutmütigen Phlegmatiker, die aufbrausenden, erst handelnden und dann denkenden Choleriker und die meist stillen, philosophierenden, eher ängstlichen Melancholiker. Diese vier Grundtemperamente finden sich in unterschiedlicher Gewichtung in jedem Menschen. Niemand ist nur sanguinisch, phlegmatisch, cholerisch oder melancholisch veranlagt. Bei kleinen Kindern ist die individuelle Ausprägung eines der vier Temperamente meist noch deutlich sichtbar. Mit der Zeit erlernen Kinder dann den bewußten Umgang mit ihren Gefühlen und ihrem Temperament. Im Idealfall können sie als Erwachsene auf die positiven Begleiterscheinungen aller vier Temperamente zurückgreifen.

Die Charaktereigenschaften sind nun die nähere Umschreibung der Temperamente – jede Charaktereigenschaft ist typisch für ein Temperament. Bedächtigkeit gehört zum Phlegmatiker, schnelles Denken zum Sanguiniker, Leidenschaftlichkeit zum Choleriker und Zurückhaltung zum Melancholiker. Selbstverständlich ist auch das Verhalten in der Gruppe geprägt vom jeweiligen Temperament und von den Charaktereigenschaften eines Kindes. Ein eher phlegmatisch veranlagtes Kind wird nie zum draufgängerischen Anführer einer Gruppe werden, ebensowenig kann man ein stark sanguinisches Kind zu ständiger Zurückhaltung ermahnen, ohne seinen Charakter zu mißachten. Jedes Kind will in seiner Art ernst genommen und liebgehabt werden. Es ist jedoch Vorsicht geboten, wenn Temperament oder Charakter zur Entschuldigung eines deutlich auffälligen Sozialverhaltens hergenommen werden. Zwischen charakterlicher Veranlagung und auffälligen Verhaltensmustern gibt es ganz klare Unterschiede. **Wenn sich ein Kind aber gemäß seinem Temperament entfalten darf, fühlt es sich wohl und wird nicht durch ein unreifes Sozialverhalten auffallen.**

Mario geht seit ein paar Wochen in den Kindergarten. Er ist ein eher unauffälliges Kind. Seine Mutter charakterisiert ihn oft mit den Worten: „Er will einfach seine Ruhe haben." Seit ein paar Tagen kommt Mario wie aufgeladen aus dem Kindergarten nach Hause. Sofort fängt er an, seine kleine Schwester zu triezen. Die Mutter spricht ihn darauf an und fragt, was denn los sei. Mario weiß es nicht. Einige Tage später will er um keinen Preis in den Kindergarten. Er weigert sich, etwas anzuziehen, und will auch keine Reiswaffel mit Aufstrich mitnehmen. „Die brauchen wir nicht, Lena hat heut' Geburtstag. Da gibt's Kuchen für alle", erzählt er. „Aber warum willst du dann gerade heute nicht in den Kindergarten? Es ist doch toll, wenn ihr den Geburtstag von Lena feiern könnt", fragt die Mutter. „Nein, das ist gar nicht toll!" platzt Mario heraus. „Dann sind alle so laut, und das mag ich nicht". Die Mutter beginnt zu begreifen, daß zwischen Marios „Aufgeladensein" und der Tatsache, daß ihm ein Kindergeburtstag zuviel ist, ein Zusammenhang besteht.

Mario fühlt sich nicht wohl im Kindergarten. Die Gruppe ist ihm zuviel. Er hat noch keine Nischen gefunden, in denen er während der Kindergartenzeit seine Ruhe hat. Marios Mutter sucht jetzt das Gespräch mit der Erzieherin, die nicht bemerkt hat, daß etwas nicht stimmt. Denn

Marios Verhalten ist nicht aufgefallen, im Gegenteil, er paßt sich sogar wunderbar an. Gerade das strengt ihn aber an, und zu Hause ist er dann wie aufgeladen. Mario hat ein eher zurückhaltendes Temperament. Zuviel Trubel ist ihm unangenehm. Das Beispiel zeigt, daß die erste Frage nicht dem Verhalten des Kindes in der Gruppe gelten muß, sondern seinem Gefühl in der Gruppe. Denn ein Kind, das sich in der Gruppe unwohl fühlt, wird früher oder später auch durch sein Verhalten auffallen. Zunächst nicht unbedingt in der Gruppe, sondern zu Hause, im vertrauten Rahmen. **Jedem auffälligen Verhalten liegt ein Unwohlsein zugrunde. Das Verhalten in der Gruppe ist die Folge davon und ein Appell an die Erwachsenen, das Unwohlsein zu bemerken.** Es ist durchaus möglich, daß einem dieses Unwohlsein eine gewisse Zeit lang gar nicht auffällt. Kleine Kinder haben so viele verschiedene Phasen, die völlig normal sind und zu einer gesunden Entwicklung gehören. Nicht immer denkt man sofort an ein ernstes Problem. Merken Sie aber auf, und hören Sie Ihrem Kind gut zu, wenn es etwas erzählt – auch wenn Sie nur eine neue Phase der Entwicklung, eine sich anbahnende Krankheit oder einen schlechten Tag vermuten. Ermuntern Sie ein stilles Kind zum Reden, indem Sie eine entspannte Atmosphäre schaffen. Legen Sie sich beispielsweise abends noch ein bißchen mit in sein Bett, und fragen Sie nach den Erlebnissen des Tages. Bohren Sie jedoch in keinem Fall nach. Denn manche Kinder brauchen sehr lange, bis sie über ihre eigenen Gefühle sprechen können.

„Ich möcht so gerne anders sein" –
So helfen Sie Ihrem Kind

Herauszufinden, warum ein Kind sich unwohl fühlt und auffällig verhält, bevor dieses Verhalten zu einem festgefahrenen Muster wird, ist der Idealfall. Immer ist das aber nicht möglich, gerade dann, wenn sich das auffällige Verhalten vor allem außerhalb der Familie zeigt. Meist meldet sich die Erzieherin erst, wenn die Auffälligkeiten andauern und nicht mehr als Phase betrachtet werden können. Da hören wir Eltern dann, daß sich unser Kind aggressiv verhält oder so scheu wirkt, daß sich die Erzieherin Sorgen macht. Während sich das eine Kind lautstark und immer häufiger auch mit Tätlichkeiten durchsetzen will, geht ein anderes jedem Konflikt aus dem Weg, wird stiller und stiller. Einmal antrainiert,

sind beide Verhaltensweisen eine Einbahnstraße, unter der Kinder bewußt oder unbewußt leiden. Sie sind gefangen in einem Verhaltensmuster, das ihnen genauso wenig gefällt wie ihrer Umgebung. Mit Hilfe der Eltern und Erzieherinnen können sie aber lernen, daß beides manchmal richtig und wichtig ist: **Nicht immer ist es falsch, laut und bestimmt für seine Bedürfnisse einzustehen und sogar zu kämpfen! Ebenso oft finden wir uns in Situationen, die ein vorsichtiges und sanftes Vorgehen erfordern.** Beide Gruppen von Kindern brauchen dieselbe Art von Spielen und Geschichten: solche, in denen beide Verhaltensweisen betont und in ein fruchtbares Wechselspiel gebracht werden.

Der ganz verzwickte Hindernislauf

Alter: ab 4 Jahren
Teilnehmer: mindestens 2
Material: alles, was die Wohnung hergibt

Bei diesem Spiel geht es darum, die verschiedenen Fähigkeiten der Kinder anzusprechen.
Die Mitspieler bauen zusammen einen Hindernislauf auf, einen kleinen in der Wohnung, einen größeren draußen im Wald oder auf dem Spielplatz. Die Hinder-

nisse sind ganz verschiedener Art, der Phantasie sind keine Grenzen gesetzt. Folgende Elemente sollten jedoch enthalten sein:
○ eine Aufgabe, die Vorsicht erfordert (ein rohes Ei auf einem Löffel von einem Zimmer ins andere balancieren und dabei über kleine Hindernisse am Boden steigen ...)
○ eine Aufgabe, die Kraft braucht (einen Jutesack voll Holz zu einer Feuerstelle schleppen – am Schluß werden dort die Würstchen gegrillt ...)
○ eine Aufgabe für die Geschicklichkeit (aus Holzklötzen einen möglichst hohen Turm bauen ...)

Das Brüll-Pieps-Zwitscher-Spiel

Alter: von 3 bis 7 Jahren
Teilnehmer: 1 Kind und 1 Erwachsener
oder mehrere Kinder
Material: Tierbilder (Maus, Löwe, Esel,
Vogel, Elefant, Fisch, Katze etc.), wichtig
ist, daß Tiere mit lauter und solche mit
leiser Stimme dabei sind

Die Charaktereigenschaften von Tieren
sind für Kinder noch sehr menschlich,
daher können sie diese leicht auf sich
selbst übertragen. Und damit wird in diesem Spiel gearbeitet. Einmal kann das
Kind ein mächtiger, schwerer Elefant sein, den niemand über-
sehen kann, ein anderes
Mal eine Katze auf
leisen Pfoten, die man
fast nicht hört. Wenn
wir beschreiben,
was das Tier
besonders gut
kann, werden
Kinder aufmerk-
sam auf die Vorzüge
verschiedener Verhal-
tensweisen und Charak-
tereigenschaften. Diese
Darstellung hilft ihnen,
solche Eigenschaften in sich
selbst zu entdecken.

Das Kind schlüpft bei diesem Spiel in die
Rolle der Tiere, imitiert Laute und eventuell Körperhaltungen. Als starker, lauter
Löwe darf es richtig brüllen, als Maus
macht es sich so klein wie möglich und
piepst ganz leise. Jeder Teilnehmer bekommt einen Stapel Tierkarten, die er
verdeckt bei sich behält. Der erste deckt
eine Karte für den anderen unsichtbar
auf und versucht, das abgebildete Tier
darzustellen. Dazu beschreibt er mit
einem Satz, was dieses Tier besonders gut
kann, beispielsweise: „Dieses Tier kann
besonders gut klettern" (gemeint ist der
Affe). Der andere muß erraten, um
welches Tier es sich handelt. Wenn er es
schafft, ist die Reihe an ihm.

Verborgene Bilder entdecken – Reisen ins Unterbewußtsein

Kinder, die sich auffällig wild oder zurückhaltend verhalten, fühlen sich früher oder später selbst unwohl in dieser Einseitigkeit. Durch irgendeine Erfahrung haben sie den Zugang zu ihren anderen Möglichkeiten verloren. In der Traumreise auf den beiden folgenden Seiten erhält das Kind Gelegenheit, diese verlorenen Teile seiner Gesamtheit in sich zu suchen und wieder an die Oberfläche zu holen. Mut, Ruhe, Vertrauen, Hilfsbereitschaft und viele weitere Eigenschaften, die dem Kind im Moment nicht zur Verfügung stehen, kann es während der Reise als Geschenke annehmen.

Wichtig dabei ist, daß Sie dies dem Kind nicht auf einer intellektuellen Ebene erklären. Das Kind spürt selbst ganz genau, was ihm fehlt. Vielleicht erzählt es Ihnen nach der Traumreise, die Pflanzen hätten ihm einen riesigen Playmobil-Ritter oder den neuesten Game-boy geschenkt. Das kann möglicherweise genau das Bild sein, das Ihr Kind braucht, um sich mutig und vertrauensvoll zu fühlen. Also, nicht vergessen: Traumreisen sind Reisen ins Unterbewußte, der Intellekt ist ausgeschaltet!

Mit Traumreisen haben Sie ein sinnvolles Mittel an der Hand, das einen Zugang zu verborgenem Wissen und zu unbewußten Kräften ermöglicht. Sie sind völlig unbedenklich und haben nichts mit Hypnose oder Trancezuständen zu tun.

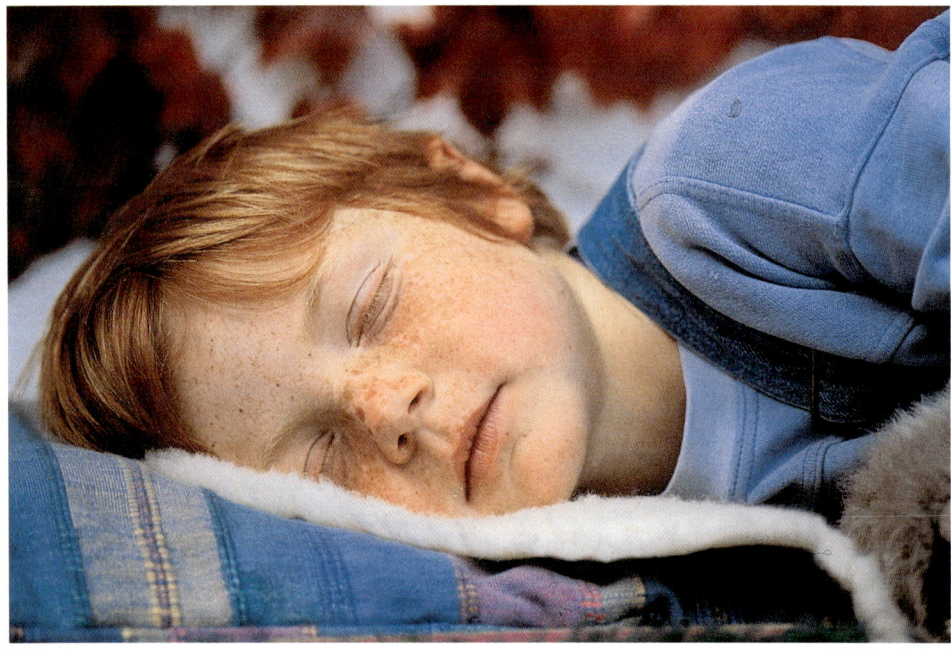

Führen Sie Traumreisen mit Ihrem Kind am besten abends vor dem Schlafengehen durch, wenn es schon im Bett liegt. Es macht gar nichts, wenn es darüber einschläft, denn die Worte fließen ins Unterbewußtsein, das auch während des Schlafes aktiv ist. Brechen Sie die Reise in die innere Welt des Kindes deshalb keinesfalls ab, wenn es einschläft.

Auch tagsüber läßt sich die Traumreise in einer ruhigen Atmosphäre durchführen. Das Kind legt sich dann in bequemer Kleidung auf eine weiche Decke oder Matte. Der Raum sollte angenehm warm und eventuell abgedunkelt sein.

Geschwister oder Freunde dürfen selbstverständlich mitmachen, denn Traumreisen sind für alle Kinder etwas sehr Schönes und Beruhigendes.

Lesen Sie die Traumreise langsam vor, und achten Sie auf die notwendigen Pausen. Sie müssen sich nicht Wort für Wort an die Geschichte halten. Wiederholen Sie oder formulieren Sie um, wenn der Wortlaut nicht mit ihrer Sprechweise übereinstimmt.

Nehmen Sie Ihr Kind nach der Traumreise in den Arm, und lassen Sie es erzählen, was es erlebt hat, wenn es das von sich aus tut. Fragen Sie aber nicht nach seinen Erlebnissen auf der Traumreise, nur danach, ob es schön und angenehm war. Seine Erfahrungen auf dieser Reise ins Unterbewußtsein sind etwas sehr Intimes, das es für sich behalten darf.

Bei Traumreisen sollten Sie folgendes beachten:

1. Sie müssen sich im klaren darüber sein, was Sie mit der Traumreise bezwecken.
2. Traumreisen sollten nicht abgebrochen werden, auch wenn das Kind dabei einschläft. Sie wirken im Unterbewußtsein, und dieses nimmt weiter auf – auch im Schlaf.
3. Erklären Sie Ihrem Kind den Sinn der Traumreise nicht intellektuell, denn im Unterbewußtsein leben Bilder und Symbole, nicht Erklärungen und Begriffe. Zwar sollten Sie als Eltern den Zweck der Reise verstehen, was aber genau auf der Reise passiert, ist bei jedem Kind anders und für Erwachsene nicht immer nachvollziebar. Erklärungen zerstören den spontanen und unverbauten Zugang, den Kinder zur Bilder- und Symbolwelt haben, unnötig.

„Alles, was zu mir gehört": eine Traumreise

Du liegst ganz entspannt und friedlich da. Deine Augen sind geschlossen. Mach es dir ganz bequem. Du spürst deine Zehen ... deine Füße ... deine Knie und Beine, die alle ganz müde und schläfrig sind. Sie sind froh, daß sie nichts tun müssen. Dein Bauch hebt und senkt sich, von deinem Atem und wie von selbst .... Die Arme und Hände liegen auf der Decke und fühlen sich schwer und schläfrig an. Dein Kopf ruht auf dem weichen Kissen ...

Du bist in deinem Zimmer ... An der Wand siehst du eine goldene Tür, die vorher nicht da war ... Du gehst zu dieser Tür, sie sieht so einladend aus ... Du nimmst die goldene Türklinke in die Hand und öffnest die Tür ... Jetzt gehst du hindurch und kommst in einen wunderschönen Garten ... Überall sind Blumen und blühende Büsche ... Du spazierst ganz langsam durch diesen Garten ... Du weißt, daß er dir gehört, und freust dich darüber, daß er so schön ist ... Du schaust dir alle Pflanzen an und berührst sie mit deinen Händen. Sie fühlen sich ganz verschieden an ... Manche sind glatt und weich, andere pelzig oder sogar ein bißchen stachelig. Aber alle sind wunderschön und blühen in allen Farben. Du spürst, daß sie etwas sehr Besonderes sind, denn sie schenken dir ganz ungewöhnliche Dinge. Man kann diese Dinge nicht anfassen, und trotzdem sind sie sehr wichtig für die Menschen. Die Geschenke heißen Mut, Vertrauen, Ruhe und Hilfsbereitschaft ... Bei der ersten Pflanze, die dir besonders gut gefällt, bleibst du länger stehen ... Vielleicht bist du zuerst an ihr vorbeigegangen, geh ruhig zu ihr zurück ... Leg deine Hände auf ihre Blätter und atme ihren Duft tief ein ... Sie möchte dir etwas schenken ... Frag sie in Gedanken, welches der ungewöhnlichen Dinge sie dir schenken will. Sie wird es dir sagen ...

Nun darfst du ein Zweiglein oder eine Blüte dieser Pflanze mitnehmen. Bedanke dich bei der Pflanze und behandle das Geschenk ganz vorsichtig, denn es ist aus deinem Garten. Die Pflanzen dort können nicht verblühen oder verwelken, solange du sie gern hast und sorgsam mit ihnen umgehst.

Spaziere nun weiter durch diesen wunderbaren, geheimnisvollen Garten, bis du wieder zu einer Pflanze kommst, die dir besonders gefällt. Auch sie will dir etwas schenken. Frage sie danach und höre, was sie dir sagen möchte ... Dann darfst du wieder eine Blüte mitnehmen. Vergiß nicht, dich zu bedanken für das Geschenk ...

Vielleicht begegnet dir auf deinem Spaziergang auch ein Baum, der dir sehr gut gefällt. Seine Zweige reichen weit hinunter und sind beladen mit Früchten. Auch dieser Baum wird dir gerne etwas schenken. Umarme ihn ganz fest und bitte ihn, dir zu sagen, welches Geschenk das ist ... Nun darfst du eine Frucht pflücken und mitnehmen ... Laß dir Zeit und spaziere weiter durch deinen Garten. Vielleicht sind da noch mehr Pflanzen und Bäume, die dir etwas sagen wollen. Hör ihnen in Ruhe zu und behalte das Gesagte wie ein Geschenk in deinem Herzen ...

Nach diesem schönen Spaziergang kehrst du nun langsam zurück zu der goldenen Tür. Vor der Tür drehst du dich noch einmal um und verabschiedest dich von deinem Garten. Bedanke dich noch einmal für alle Geschenke: für den Mut, das Vertrauen, die Ruhe, die Hilfsbereitschaft und all die anderen Dinge, die du von den Pflanzen und Bäume bekommen hast ... Die goldene Tür steht immer noch offen. Du gehst jetzt hindurch und bist wieder in deinem Zimmer. Du schließt die Tür hinter dir, und langsam verschwindet sie in der Wand.

Nun atmest du tief durch, bewegst deine Füße und Hände, vielleicht gähnst du ein bißchen. Du spürst deine Beine, deinen Bauch und deinen Rücken, deine Arme und deinen Kopf, der auf dem weichen Kissen liegt. Langsam öffnest du deine Augen und setzt dich auf.

3

„Ich zuerst" –
Probleme in der Gruppe

Voll und ganz

Damit Kinder sich in ihrem Umfeld sicher und selbstbewußt bewegen können, müssen sie Erfahrungen mit vielerlei Situationen machen und immer wieder Neues dazulernen. Was wir als soziale Kompetenz bezeichnen, ist eine Fülle von Fähigkeiten, die sich jeder Mensch nach und nach aneignet. Um vollständig zu werden, brauchen wir nicht nur Klarheit über uns selbst, sondern auch über unsere Beziehung zur und unser Verhalten in der Gemeinschaft. Erst der entspannte Umgang mit der Gruppe, die Erwerbung sozialer

Kompetenz, kann dem Menschen ein Gefühl der Ganzheit geben.

Angenommen, ein Kind trifft während seiner ersten Lebensjahre nicht auf andere Kinder. Natürlich ist das selten der Fall. Wenn wir uns aber so ein Kind vorstellen, wird deutlich, welch riesige Unterschiede es zwischen Alleinsein und Gruppenerlebnis gibt.

Jedes Kind ist für eine gewisse Zeit unbestritten die Hauptperson. Seine Bedürfnisse haben in den ersten Lebensmonaten Vorrang vor denen der Geschwisterkinder oder der Eltern. In gewisser Weise ist ein

Baby während dieser Zeit mit einer All-macht versehen, die ihm ein Überleben erst möglich macht. Später steigt es dann immer weiter ins Familienleben ein. Es muß lernen, Rücksicht zu nehmen und nicht immer an erster Stelle zu stehen. Würde diese „Allmachtsphase" weiter andauern, so hätten wir es bald mit einem kleinen Biest zu tun, das uns richtigge-hend terrorisiert. Stellen wir uns weiter vor, was mit diesem bedauernswerten Kind geschehen würde, wenn es nun plötzlich in einer Gruppe von Kindern ohne Sonderstellung zurechtkommen müßte:

❍ Es würde nicht wissen, was „Teilen" heißt und in Panik ausbrechen, wenn ein anderes Kind dasselbe Spielzeug benutzen möchte. Verständlich, denn es hat ja nicht gelernt, daß ihm nicht alles, was es will, auch gehört, oder daß man etwas verleihen kann und dies auch wieder zurückbekommt.

❍ Das Kind würde völlig aus dem Häus-chen geraten, wenn jemand sich nicht sofort und zuallererst mit ihm beschäf-tigen würde. Es hätte unweigerlich das Gefühl, es werde nicht mehr gemocht.

❍ Das Kind könnte unmöglich begrei-fen, daß Anweisungen wie „Ihr sollt ..." oder „Ihr dürft ..." auch für es selbst gelten. Da es immer alleine war, wurde es immer direkt angesprochen und nie als ein Kind unter anderen.

Schimpfen nützt nichts

Das Verhalten in der Gruppe ist eben et-was, das man nur in der Gruppe lernen kann. Und da gibt es viel zu lernen! Es ist kein Klacks, sich all diese Erkenntnisse zu erarbeiten und das Vertrauen in die Grup-pe und ihr Funktionieren zu gewinnen. Daß die eine oder andere soziale Kompe-tenz dem Kind Probleme bereitet, ist an-gesichts dieser Herausforderung nicht verwunderlich.

Wenn ein Kind nicht teilen kann, immer zuerst kommen will, sich in der Gruppe nicht angesprochen fühlt oder auf Schwächere losgeht, dann genügt es nicht zu sagen: „Mit dem Kind stimmt etwas nicht." Es braucht vielmehr Zeit und die Hilfe der Eltern und Erzieherinnen. Wenn wir darauf hingewiesen werden oder selbst feststellen, daß ein Kind Probleme in der Gruppe hat, sollte deshalb immer ein Gedanke im Vordergrund stehen: **Es gibt immer Gründe, warum ein Kind Probleme in der Gruppe hat, und es gibt immer Wege, ihm zu helfen, einen weite-ren Schritt hin zu einem sozial kompeten-ten Verhalten zu machen.** Grundsätzlich gilt: Wir müssen dem Kind helfen, wir dürfen es keinesfalls im Stich lassen, in-dem wir nur mit Schimpfen oder Strafen eingreifen.

Selbstverständlich sind manche Probleme in der Gruppe im Augenblick ihres Auf-tretens nur mit deutlichen Worten zu ent-schärfen, beispielsweise Prügeleien oder Hänseleien. Wir müssen sie unterbinden, um damit die „Opfer" zu schützen. Im folgenden müssen wir aber die Gründe für das Verhalten des Kindes herausfinden und auf spielerische Weise mit ihm verar-beiten. So kann ein problematisches Ver-haltensmuster aufgelöst werden. Eventu-ell vermeiden wir auf diese Weise sogar, daß eine erste Auffälligkeit zum festgefah-renen Muster wird.

„Das gehört aber mir" – Mein Kind kann nicht teilen

Lena und Ole spielen draußen im Sandkasten. Auf einmal hört die Mutter ein Riesengeschrei. Deutlich ist Oles Stimme zu hören. Sie rennt hinaus, und folgende Szene spielt sich vor ihr ab:
Lena umklammert ihre Sandkastenschaufel, während Ole mit aller Kraft daran rupft und zieht.
„Gib her, das ist jetzt meine Schaufel!"
„Das stimmt nicht, sie gehört mir!"
„Ich will sie jetzt aber!"
„Hört auf Kinder. Ole, laß Lena in Ruhe. Was ist denn hier überhaupt los?" mischt sich die Mutter ein.
„Lena will mir ihre Schaufel nicht geben, dabei brauche ich die für das Loch für den See!"
„Sie gehört aber mir, und ich brauche sie auch."
„Lena, jetzt hör mal, ihr könnt die Schaufel doch teilen. Jeder darf sie ein Weilchen haben. Das ist doch nicht so schwierig, macht doch deswegen kein Theater."

Im Grunde haben Ole und Lena nur für ihre Bedürfnisse gekämpft. Das ist kein Theater, sondern etwas, was wir Erwachsenen allzu oft nicht mehr können. Natürlich gehört die Schaufel Lena, und niemand kann sie zwingen, sie Ole zu geben. Es sei denn, Lena möchte das selbst. Das wäre dann ein soziales Verhalten, und das will gelernt sein. Wenn Ole seine Schwe-

ster anbrüllt und versucht, ihr die Schaufel zu entreißen, dann kann niemand damit rechnen, daß Lena sie freiwillig abgibt. Ole muß lernen, um etwas zu bitten. Und Lena muß erfahren, daß sie etwas abgeben kann und es auch wieder zurückbekommt. Sie muß lernen zu vertrauen. Die Mutter erreicht zwar, daß Lena die Schaufel murrend mit Ole teilt. Für beide Kinder ist die Lösung des Konfliktes aber kein schönes Erlebnis, das zu Entspannung führt. Ole hat gelernt, daß sein Gebrüll letztlich zwar nicht zum Vollbesitz der Schaufel geführt hat, aber immerhin zum Mitbenutzungsrecht. Und Lena weiß jetzt, daß es nichts nützt, die Schaufel festzuhalten und für ihr Recht zu kämpfen. In solchen Situationen bleibt Eltern oft nichts anderes übrig, als das Streitobjekt zu entfernen. Folgende Spiele bieten Ihnen andere Lösungen. Sie helfen, das Teilen als etwas Positives zu erfahren.

Teilen soll von Herzen kommen!

Zwingen Sie Ihr Kind nicht unnötig, seine Spielsachen zu teilen oder auszuleihen. Das Kind nimmt dann an, daß auch andere immer mit ihm teilen und ihm alles ausleihen, was es möchte. Schließlich muß es das selbst auch. Wenn gutes Zureden Ihr Kind nicht überzeugt, dann erfüllt auch ein erzwungenes Teilen seinen Zweck nicht.

Das Zauberwort

Alter: ab 4 Jahren
Teilnehmer: 2 bis 6
Material: Papierservietten, Becher, evtl. kleine Löffel

Das Spiel ist für Kindergarten oder Hort geeignet, kann aber auch sehr gut zu Hause gespielt werden. Jeder Mitspieler bringt etwas zu essen oder zu trinken mit. Bei diesem Spiel lernen Kinder, daß aus vielen kleinen Portionen durch Zusammenfügen und Teilen ein leckeres Mahl wird.

Die Kinder stellen sich im Kreis auf. Spielen nur zwei Kindern, stellen sie sich gegenüber. Jedes Kind hält das Mitgebrachte in den Händen und sagt dazu: „Ich habe etwas für alle mitgebracht. Es ist nur klein, doch es wird reichen, finden wir nur das Zauberwort." Dann legen alle Kinder das Mitgebrachte in die Mitte des Tisches oder auf ein Tuch am Boden. Alle fassen sich an den Händen, tanzen drum herum und sprechen im Chor: „Das Zauberwort, das Zauberwort, es fällt mir ein, heißt teilen." Die Kinder versuchen nun, aus all dem Mitgebrachten so viele Teile zu machen wie Kinder da sind. Das macht Spaß und kann natürlich dazu führen, daß zum Teil winzige Portionen entstehen. Zum Schluß haben aber alle Kinder von allem ein bißchen gehabt.

Mein Ausleihbuch

Alter: ab 4 Jahren
Teilnehmer: 1 Kind oder mehrere
Material: ein stabiles Heft mit dicken
Seiten und Pappdeckel, Zeichenmaterial,
evtl. ein Foto des Kindes

Es kommt natürlich immer wieder vor,
daß ein Kind nach dem Spielnachmittag
furchtbar gerne ein bestimmtes Auto
oder eine Puppe mit nach Hause nehmen
möchte. Daraus kann man ein richtiges
Spiel machen: Der Besitzer der begehrten
Sache kann sein Ausleihbuch hervorneh-
men, das Spielzeug wird hinein gemalt
und der Ausleiher „unterschreibt" mit
seinem Namen oder einem Zeichen.
Dann wird ausgemacht, wann das Spielzeug wieder zum Besitzer zurückgebracht
werden muß. Dabei ist darauf zu achten,
daß Zeitspannen vereinbart werden, die

für die Kinder überschaubar sind: zum
Beispiel „dreimal schlafen" oder „Wenn
wir das nächste Mal Kindergartenturnen
haben" etc. Also, keine Datumseintra-
gungen oder unsichere Vereinbarungen
wie „Wenn ich das nächste Mal zu Besuch komme." Mit diesem Ausleihbuch
sollen die Kinder die Sicherheit gewinnen, daß etwas Verliehenes auch wieder
zurückkommt.

Das Kind erstellt erst die Titelseite des
Ausleihbuches, mit Foto, Namen oder einer Zeichnung all seiner Besitztümer –
seiner Phantasie sind dabei keine Grenzen gesetzt. Das Buch wird an einem Ort
aufbewahrt, zu dem das Kind selbständig
Zugriff hat. Beim ersten Gebrauch können die Erwachsenen ein bißchen helfen.
Sie werden aber sehen, bald geht es schon
von ganz allein.

Mein und Dein

Alter: ab 4 Jahren
Teilnehmer: 1 Kind oder mehrere
Material: Foto des Kindes, Malutensilien

In jeder Gemeinschaft, ob Familie, Kindergarten oder Schule, gibt es Dinge, die allen gehören, und solche, die nur ein einzelnes Mitglied der Gemeinschaft sein eigen nennt. Sich bewußt zu machen, was jeder besitzt und welche Geschichte diese Dinge haben, ist der erste Schritt hin zu einem Gefühl für Mein und Dein. Wichtig dabei ist der Austausch über das Gemalte mit den anderen. Denn sobald etwas mit einer Geschichte versehen ist, ein Woher und Warum dazugehört, ist es nicht mehr Allgemeingut.

Das Kind klebt sein Foto auf ein großes Blatt Papier und malt alle Spielsachen, die ihm gehören, dazu. Am schönsten ist es natürlich, wenn die ganze Familie oder die Kindergartengruppe mitmacht. Wenn die Bilder fertig sind, erzählen die Kinder einander anhand des Bildes, was alles zu sehen ist, wann, von wem und warum sie die Spielsachen bekommen haben und welches davon sie am liebsten haben. So entsteht bei Kindern ein Gefühl des Respektes vor Mein und Dein.

Eins für dich, eins für mich

Kinder, denen das Teilen schwerfällt, müssen erleben, daß Teilen eine Selbstverständlichkeit sein kann und auch noch Spaß macht.

Wenn Ihr Kind beispielsweise einen Apfel essen möchte, dann sagen Sie ihm, daß Sie auch Lust auf einen Apfel haben. Schneiden Sie das Obst dann in Schnitze. Mit dem Sprüchlein „Eins für dich und eins für mich" verteilen Sie den Apfel, bis keine Schnitze mehr übrig sind. Natürlich können Sie diese Anregung auch variieren:

❍ Versuchen Sie, immer gleichzeitig einen Bissen zu nehmen,
❍ füttern Sie einander,
❍ zerteilen Sie den Apfel nicht, sondern beißen Sie abwechselnd davon ab …

Lassen Sie solche „Teilaktionen" immer wieder in Ihren Alltag einfließen.

Kinder brauchen Zeit

Viele Kinder sind nicht grundsätzlich gegen das Teilen oder Ausleihen eingestellt – sie brauchen nur mehr Zeit, um sich mit dem Gedanken anzufreunden, etwas für eine bestimmte Zeit herzugeben. Manchmal liegt die Weigerung nur darin begründet, daß alles zu schnell geht. Eben hat das Kind noch friedlich mit der Freundin gespielt, und nun klingelt es an der Tür und die Mama des Spielgefährten ist da. Das gemeinsame Spiel, in das man so richtig eingetaucht war, wird abrupt beendet, und dann soll das Kind auch noch etwas hergeben, was ihm lieb und teuer ist. Das kann schlicht zuviel verlangt sein. Besprechen Sie mit den Kindern deshalb vorher, ob ein Spielzeug „in die Ferien" geht.

„Mama, schau doch mal" –
Mein Kind will immer die volle Aufmerksamkeit

Katharina hat sich sehr weh getan, weil sie draußen im Hortgarten über den Baumstrunk gestolpert und gestürzt ist. Die Erzieherin läuft hinaus und tröstet Katharina. Das paßt Livia aber gar nicht, denn sie hat eben mit der Erzieherin noch an einem wunderschönen Bild gemalt. Als diese zurückkommt und weiter malen will, wird sie von Livia schroff zurückgewiesen. „Du brauchst gar nicht mehr zu kommen, du malst sowieso ganz doof", meint die Kleine resolut und straft die Erzieherin den ganzen Morgen mit Nichtbeachtung.

Für Kinder ist es nicht einfach, hinten anzustehen, zu warten, bis sie drankommen oder einzusehen, daß etwas oder jemand anderer im Augenblick wichtiger ist als sie. Vom Baby, das faktisch der Mittelpunkt der Welt ist, hin zum sozial kompetenten Mitglied einer Gemeinschaft ist es ein weiter Weg.

Livia ist nicht einfach nur egoistisch. Sie wurde so schnell aus der harmonischen Situation mit der Erzieherin gerissen, daß sie nicht anders als gekränkt reagieren konnte. Jedes Kind begegnet solchen Verletzungen anders. Livia hat sich zurückgezogen und verweigert. Andere Kinder reagieren aggressiv und wütend. Sie lassen ihre Wut dann vielleicht an anderen Kindern oder einem Spielzeug ab. Was dahinter steckt, ist aber dasselbe: der Schmerz

und die Unsicherheit, die entstehen, wenn man einfach stehengelassen wird. Livia hatte sich sehr wohl gefühlt und dementsprechend war sie offen für alles. Sie hatte keinen Grund, etwas zu befürchten, und deshalb hatte sie in dem Moment sozusagen ihren Schild nicht dabei. Über das abrupte Verlassenwerden erschrak sie aber so sehr, daß sie sich von nun an hinter ihrem Seelenschild versteckte, um sich gegen weitere Verletzungen zu schützen – eine gesunde Reaktion, die wir alle kennen. **Für Kinder ist es frustrierend zu merken, daß Eltern oder Erzieherinnen nicht nur für sie da sind. Das müssen wir als Erwachsene beachten.** Wir müssen den Kindern helfen, immer besser mit dieser Frustration zurechtzukommen und sie irgendwann nicht mehr als solche zu empfinden. Zu dieser Hilfe gehört vor allem das Vermitteln von Sicherheit und Vertrauen im Umgang mit der Gruppe. Was wäre wohl dabei herausgekommen, wenn die Erzieherin sich noch kurz die Zeit genommen hätte, um Livia zu versichern, daß sie wiederkommt? Oder wenn sie Livia an der Hand genommen und sie in die veränderte Situation mit einbezogen hätte? Livia hätte sich nicht so verlassen gefühlt.

Sicherheit durch Vertrauen

Wenn ein Kind nicht mehr mitmacht, sich der Gruppe verweigert, so fehlt ihm entweder die Gewißheit, daß auch ihm genügend Aufmerksamkeit geschenkt wird. Oder es hat die schmerzliche Erfahrung gemacht, daß es mit seiner Art nicht einbezogen wird, daß es nicht „ankommt" bei den anderen.

Aus diesem Grund ist es wichtig, daß den Kindern, die sich auffällig oft der Gruppe verweigern oder Aufmerksamkeit mit Aggression zu erzwingen suchen, die Gelegenheit geboten wird, sich mit ihren Fähigkeiten einzubringen. Sie müssen merken, daß es immer wieder Momente gibt, in denen sie Zuwendung und Aufmerksamkeit erfahren.

Kinder können zu Hause lernen, damit klar zu kommen, daß die Bezugspersonen nicht immer voll und ganz für sie da sind. Es gibt Zeiten, da kann man nicht in Mamas und Papas Zimmer. Mama liest manchmal die Zeitung und will nicht gestört werden. Papa ist am Telefon und kann jetzt keine Puppe vom Regal holen. In diesen Alltagssituationen kommt es dann oft zu Wutausbrüchen der Kinder. Sie stürzen gerade dann die Treppe herunter oder verbrennen sich die Finger am Herd. Das sind keine Zufälle, sondern unbewußt herbeigeführte „Notfälle", die Mama oder Papa dazu bringen sollen, sich

wieder uneingeschränkt dem Kind zu widmen. Vorsichtig und liebevoll müssen wir Eltern den Kindern deshalb helfen, das Vertrauen zu gewinnen, daß sie auch ohne unsere volle Aufmerksamkeit ganz gut zurechtkommen können.

Rollentausch

Alter: ab 3 Jahren
Teilnehmer: Mutter oder Vater und 1 oder mehrere Kinder
Material: Verkleidungssachen

Bei diesem Spiel werden die Rollen von Eltern und Kindern getauscht. Kinder erfahren so, wie es sich anfühlt, Mama am Telefon zu sein. Eltern können erkennen, wie es ist, als Kind dringend etwas von der Mama zu wollen. Das Kind versetzt sich in die Rolle des Erwachsenen und kann so ergründen, warum dieser in gewissen Situationen nicht so reagiert, wie es das gern hätte. Lassen Sie sich als Mutter oder Vater ruhig ganz auf die Kinderrolle ein. Wie fühlt sich das an, wenn „Mama" oder „Papa" partout nicht hören wollen? Reagieren Sie zuerst so, wie Sie es von Ihrem Kind kennen, um nach und nach einzulenken. Teilen Sie der kleinen Mama oder dem kleinen Papa zum Beispiel mit, daß Sie bis zum Ende des Telefongesprächs im Zimmer spielen.

Tip

Je regelmäßiger das Kind dieselbe Situation erlebt, etwa „Mama ist am Telefon", desto mehr wird es sich an sie gewöhnen und sie nicht mehr als Bedrohung erleben. Verbinden Sie oft wiederkehrende Situationen mit kleinen Ritualen, das darf ruhig auch einmal eine kleine Belohnung (beispielsweise eine Geschichte) sein, die dem Kind zeigt, daß seine „Kooperation" Ihnen etwas wert ist.

„Ich laß dich nicht allein" – Schaffen Sie Vertrauen

Telefonate, Erholungsphasen für Sie selbst oder Notfälle aller Art – all dies sind Momente, in denen Sie als Eltern auf die Kooperation Ihres Kindes angewiesen sind. Diese Situationen können Sie vorbereiten und so einen großen Teil des Stresses für beide Seiten verhindern. Bis auf wenige Ausnahmen reicht sogar bei Notfällen die Zeit, um dem Kind kurz die Versicherung zu geben, daß ihm die Aufmerksamkeit nicht unwiederbringlich entzogen wird. In folgender Übung geht es darum, Ihrem Kind zu zeigen, daß ein Rückzug ihrerseits vorübergehend ist.

Ich verlaß' dich und komm' wieder – Klare Abmachungen

Alter: ab 3 Jahren
Teilnehmer: Mutter oder Vater und Kind
Material: große Uhr, 12 kleine Abziehbildchen

Überkleben Sie die Zahlen auf dem Zifferblatt mit den Bildchen. Bauen Sie im Tagesablauf mit Ihrem Kind eine Zeit ein, in der Sie nicht zu sprechen sind, zum Beispiel nach dem Mittagessen.

Nun vereinbaren Sie mit Ihrem Kind eine Zeitspanne, etwa eine Viertel- bis eine halbe Stunde, und sagen ihm, daß Sie dann wiederkommen. Das klingt etwa so: „Ich komme wieder, wenn der große Zeiger beim Clown ist." Nun fragen Sie das Kind, was es in dieser Zeit in seinem Zimmer tun möchte. Falls es keine Idee hat, geben Sie ihm eine Anregung. Wenn die Zeit abgelaufen ist, kommen Sie zurück und lassen sich erzählen, was Ihr Kind während Ihrer Abwesenheit erlebt und gespielt hat. Loben Sie es für seine Geduld. Erzählen Sie aber auch von sich, damit das Kind weiß, wo Sie waren und was Sie getan haben.

Bei unruhigen Kindern sollten Sie mit einer ganz kleinen Zeitspanne anfangen und sie im Laufe der Tage steigern. Wichtig: Wiederholen Sie diese Übung möglichst jeden Tag.

„Der Sicherheitskuß" – Ein Anker im Alltag

Miros Mutter ist Ärztin. Es gehört zu ihrem Alltag, bei Notfällen auch in ihrer Freizeit ins Krankenhaus gerufen zu werden. Das kann manchmal furchtbar ungelegen kommen, zum Beispiel während des gemütlichen Abendessens oder beim Geschichtenerzählen. Für Miro ist Mamas Verschwinden kein Problem mehr, seit sie ihm das mit dem Sicherheitskuß erzählt hat: Bevor sie weggeht, gibt sie ihm immer einen Kuß in die Handfläche. Er heißt „Sicherheitskuß" und bedeutet, daß Mama ganz sicher wiederkommt. Auf den Kuß paßt Miro dann auf, bis sie wieder zu Hause ist. Manchmal muß er in der Zwischenzeit die Hände waschen. Macht nichts, denn der Kuß ist etwas ganz Besonderes: Man kann ihn nicht sehen, aber man kann ihn trotzdem in ein Schächtelchen legen und wieder herausnehmen. Und das tut Miro, wenn er seine Hände zum Spielen oder Planschen braucht. Wenn Mama dann wieder da ist, nimmt sie den Kuß zurück und bewahrt ihn in ihrem Herzen auf, bis sie wieder einmal weg muß.

Die moderne Psychologie würde den Sicherheitskuß einen „Anker" nennen: In Miro wird über eine kleine körperliche Berührung ein Gefühl der Sicherheit verankert. Dieses Gefühl gibt ihm die Gewißheit, daß er nicht einfach verlassen wird, sondern daß zu dem Weggehen ein Zurückkommen gehört. Darauf kann er bauen. Und das ist es, was Kinder brauchen, um auch in der Gruppe nicht aggressiv oder mit Verschlossenheit auf den momentanen Entzug der Aufmerksamkeit zu reagieren.

Versuchen Sie also nicht, dem Abschiedsschmerz zu entgehen und einfach zu verschwinden, wenn das Kind abgelenkt ist! Für das Kind kommt dies einem Verrat gleich und ist mit großer Verunsicherung und Angst verbunden. Es hat ganz friedlich gespielt, und auf einmal ist die Mama nicht mehr da, sondern nur noch der Babysitter oder die Oma. Verabschieden Sie sich immer von Ihrem Kind und melden Sie sich auch wieder zurück. Lassen Sie sich aber nicht auf lange Abschiedszeremonien ein, sondern finden Sie für sich und Ihr Kind einen eigenen „Sicherheitsanker", der übrigens auch ein Gegenstand sein kann.

Mama und Papa sind immer dabei

Schneiden Sie ein kleines Herz aus Karton aus. Kleben Sie auf die eine Seite ein Foto von der Mama und auf die andere eines von Papa. Stechen Sie ein kleines Loch in das Herz, und ziehen Sie einen Faden oder eine Kette durch. Nun haben Sie ein selbst gebasteltes Medaillon für Ihr Kind. Geben Sie es ihm in den Kindergarten mit oder vertrauen Sie es ihm an, wenn Sie weg müssen. Mama und Papa sind so immer bei ihm.

„Die anderen sind alle doof" –
Mein Kind integriert sich nicht

Leo ist im Kindergarten. Heute will die Erzieherin mit allen Kindern einen Spaziergang in den nahegelegenen Wald machen. Zuerst wird aber im Haus noch ein bißchen gespielt und etwas gegessen. Danach bittet die Erzieherin die Kinder, das Spielzeug wegzuräumen, die Hausschuhe aus- und die Jacken anzuziehen. Die Kinder beeilen sich, und es herrscht ein Tohuwabohu wie immer, wenn die kleine Schar sich zum Rausgehen bereit macht. Von überall klingt es: „Frau Liebermann, hilfst du mir mal?" Aber wie durch ein Wunder ordnet sich das Chaos nach einer Viertelstunde, und die Kinder stehen in Zweierreihe bereit. Nur Leo nicht, wie immer. Er trägt immer noch einen Hausschuh und albert mit Max herum, der allerdings fertig angezogen ist. Als die Erzieherin ihn direkt anspricht und fragt: „Was ist denn mit dir? Magst du nicht mitkommen?", guckt er sie verdutzt an und realisiert, daß die anderen schon parat stehen. Nun endlich zieht er sich an.

Immer wieder beobachtet die Erzieherin, daß Leo sich nicht angesprochen fühlt, wenn sie Anweisungen an die Gruppe gibt. Es ist nicht etwa so, daß Leo ihrem Gesagten nicht Folge leisten könnte; im Gegenteil, er ist eigentlich sehr geschickt für sein Alter. Er führt es aber erst aus,

wenn sie ihn direkt anspricht. Immer öfter wird Leo deswegen auch von den anderen Kindern gehänselt. „Immer der!" heißt es dann, oder „Du lahme Schnecke, jetzt müssen wir wieder auf dich warten!" Darauf reagiert Leo dann sehr aggressiv, und manchmal schlägt er auch drauf los. Dieses Sich-nicht-angesprochen-fühlen ist eine der sozialen Auffälligkeiten, die laut Kindergarten- und Schulpsychologinnen stark zunehmen. Die Anweisungen der Erzieherin ohne direkte Ansprache aufzunehmen und auszuführen bedeutet nicht etwa blinden Gehorsam. **Es geht nicht darum, Kinder dazu zu erziehen, daß sie ohne eigenen Willen alles tun, was man ihnen sagt. Sie sollen jedoch lernen, daß eine Gruppe nur dann eine Chance hat, gemeinsam etwas zu erreichen, wenn alle Mitglieder ihren Teil selbständig dazu beitragen.**

Warum das für immer mehr Kinder eine Schwierigkeit darstellt, hat vielfältige Gründe. Falls die Erzieherin den Verdacht äußert, das betroffene Kind könnte Wahrnehmungsschwierigkeiten haben, so ist dies mit einem Kinderpsychologen abzuklären. Weitaus häufiger liegt der Grund für dieses Verhalten aber in einem gesellschaftlichen Phänomen: der Zunahme der Einkindfamilien.

Einzelkinder haben's schwerer
In größeren Familien wächst ein Kind ganz natürlich in Situationen hinein, in denen nicht nur der einzelne angesprochen ist. Sei es der Sonntagsspaziergang,

die gemeinsamen Mahlzeiten oder gemeinsame Arbeiten im und ums Haus, mehrmals am Tag heißt es „Macht mal ...", „Holt mal ...", „Deckt den Tisch" oder „Zieht euch an, wir gehen". Eltern von mehreren Kindern verlangen irgendwann ganz unbewußt von ihnen, sich soweit in die Gemeinschaft zu integrieren, daß sie nicht mehr ständig einzeln angesprochen werden müssen.

„Wo fehlt's?"

Alter: ab 4 Jahren
Material: Zeichenmaterial
Teilnehmer: 1 oder mehrere Kinder

In diesem Spiel soll dem Kind auf lustige Art ein Gefühl für die Anforderungen der Gruppe vermittelt werden. Es soll selbst erleben, wie hinderlich es für die Gruppe sein kann, wenn ein Kind nicht mitzieht.
Teilen Sie Ihrem Kind mit: „Wir machen einen Ausflug!", und zeichnen Sie die Familienmitglieder mit Rucksack, Wanderschuhen, Regenumhängen etc. auf ein Blatt Papier. Bei einer Figur lassen Sie bewußt ein wichtiges Detail, zum Beispiel die Schuhe, weg. Dann sagen Sie: „Schau mal, wir können gar nicht gehen! Weißt du warum?" Das Kind soll nun herausfinden, welches Familienmitglied nicht vollständig ausgerüstet ist.
Weitere Beispiele wären: „Wir kochen Spaghetti", „Wir machen ein Picknick", „Wir decken den Tisch" etc.

Sich einer Gruppe anzupassen und die indirekten Anweisungen von Mutter, Vater oder Erzieherin als verbindlich zu verstehen, ist ein Reifeprozeß. Es hängt vom Grad der inneren Reife eines Kindes ab, wie sehr es sich angesprochen fühlt. Da wir heute in einer Gesellschaft leben, in der ein Kind pro Familie eher die Regel als die Ausnahme ist, muß dieser Reifeprozeß mehr gesteuert und bewußter gefördert werden. Kinder, die bereits im Alter von zwei, drei Jahren regelmäßig in Spielgruppen oder in einen Hort gehen, haben damit deutlich weniger Probleme als Einzelkinder, die das Gruppenerleben erst im Kindergartenalter kennenlernen. Aber auch dann ist es nicht zu spät, um auch in der Kleinfamilie diesen Prozeß mit Spielen und Geschichten zu fördern.

Nicht beim Namen nennen

In Ein-Kind-Familien können Sie Ihrem Kind helfen, indem Sie ab und zu bewußt darauf verzichten, es direkt beim Namen zu nennen. Sagen Sie zum Beispiel nur „Wir gehen jetzt gleich einkaufen" statt „Lena, zieh die Schuhe an, wir gehen einkaufen." Machen Sie sich anschließend – für das Kind deutlich sichtbar – bereit zum Weggehen. Wenn es nicht von selbst beginnt, sich anzuziehen, dann fragen Sie: „Warum machst du dich nicht fertig? Willst du nicht mitkommen?" Gehen Sie gemeinsame Unternehmungen im Alltag immer wieder nach diesem Muster an. So wird dem Kind nach und nach klar, daß es gemeint ist, auch wenn es nicht direkt angesprochen wird.

Das Märchen vom kleinen Hasen, der zuviel träumte

Der kleine Hase in dieser Geschichte steht stellvertretend für das noch eher verträumte Kind, das immer wieder die Momente verpaßt, zu denen es ohne direkte Ansprache mit der Gruppe „mitziehen" soll. Das Abenteuer, in das er deswegen gerät, läßt ihn reifen und erkennen, daß er in der Gruppe dabei sein will und deshalb auch aufpassen muß, was gerade angesagt ist. Erzählen Sie Ihrem Kind dieses Märchen abends vor dem Schlafengehen, damit die Symbole im Schlaf nachwirken können.

Es war einmal ein kleiner Hase namens Lumo. Der wohnte mit seiner ganzen Familie tief im Wald auf einer Lichtung. Jeden Morgen zogen fast alle großen Hasen aus, um nach Nahrung für die Sippe zu suchen. Die kleinen Hasen aber durften mit Oma Hase auf der Lichtung bleiben und viele hasenwichtige Dinge von ihr lernen und auch spielen.

Oma Hase wartete morgens immer unter der großen Tanne auf Lumo und die anderen Hasenkinder. Pünktlich, wenn die Sonne ihren ersten Strahl über die Tannenwipfel auf die Lichtung schickte, hoppelten die kleinen Hasen von allen Seiten über die Wiese zu Oma Hase. Nur Lumo kam meistens zu spät. Er verschlief oft, und wenn Oma Hase ihn ermahnte, dann sagte er: „Ich träum' halt so gerne. Mein Traum war so spannend, da konnte ich doch nicht einfach vor dem Ende aufwachen!"

Einmal gegen Abend, als es schon fast Zeit war, von Oma Hase Abschied zu nehmen und zu Mama und Papa Hase zurückzukehren, verkündete Oma Hase: „Kinder, morgen müßt ihr pünktlich sein, wir wollen zusammen in den Wald hineingehen und ganz viele Brombeeren sammeln. Die dürft ihr dann nach Hause mitnehmen und euren Eltern zeigen, daß ihr schon groß genug seid, selbst etwas zu essen zu finden!" Das gab einen Jubel unter den Hasenkindern, man verstand sein eigenes Wort nicht mehr. Nur Lumo hatte mal wieder nicht aufgepaßt und fragte: „Was ist los? Sagt doch, was hat Oma Hase denn gesagt?" Aber niemand gab ihm eine richtige Antwort. Er hörte nur „pünktlich sein" „Brombeeren" und „in den Wald hinein" aus dem Stimmengewirr heraus. „Na ja", dachte er sich, „ich werd's dann morgen schon sehen."

Am anderen Morgen kam Lumo wie immer etwas zu spät unter die große Tanne. Die Sonne stand schon hoch am Himmel. Weit und breit war kein Hasenkind zu sehen, und von Oma Hase auch keine Spur. „Die werden schon wiederkommen", dachte sich Lumo und legte sich unter die große Tanne.

Wie er da so lag, hörte er plötzlich ein Rascheln im hohen Gras. Als er die Augen öffnete, sah er den buschigen, roten Schwanz des Fuchses nicht weit von sich vorbeiziehen. Er erschrak und duckte sich. Glücklicherweise ging der Fuchs an ihm vorüber, ohne ihn zu bemerken. „Nein", beschloß Lumo, „hier bleib' ich nicht alleine. Ich suche die anderen." Die Worte vom Abend zuvor fielen ihm wieder ein: „Brombeeren", „in den Wald hinein" und „pünktlich". Jetzt begriff er, was das alles bedeutet hatte: Oma Hase wollte, daß alle pünktlich sein sollten, damit sie in den Wald gehen und Brombeeren sammeln können.

Lumo machte sich auf den Weg. Es war unheimlich, so allein im Wald. Und nirgends eine Spur der anderen. Überall hörte er Geräusche, die er nicht kannte. Er wollte schon umdrehen, aber dann merkte er, daß er gar nicht mehr wußte, wo er eigentlich war. Auf einmal sah Lumo eine Brombeere auf dem Boden liegen. „Aha", dachte er, „die hat einer von den anderen fallen lassen. Wenn ich noch mehr finde, brauch' ich nur diesen zu Boden gefallenen Beeren nachzugehen. Dann finde ich Oma Hase und die anderen."

Und so war es auch. Tatsächlich lagen da und dort Brombeeren auf dem Boden, und es dauerte nicht lange, da hörte Lumo die Stimmen der anderen Hasenkinder. Überglücklich und erleichtert erreichte er sie, als sie gerade dabei waren, eine Pause zu machen und von ihren Brombeeren zu futtern. Oma Hase nahm Lumo zur Seite und sagte: „Na Lumo, in Zukunft weißt du aber, daß es auch für dich gilt, wenn ich etwas sage! Weißt du, ohne dich fehlt einfach einer, und es ist gar nicht so lustig ohne dich. Wir können aber auch nicht immer auf dich warten, sonst werden die anderen ungeduldig und quengelig. Beim nächsten Ausflug stehst du eben vor dem Ende deines Traumes auf. Du kannst ihn ja dann am Abend weiterträumen."

Zum Glück war nach der Pause auch für Lumo noch genügend Zeit, um auch ein Körbchen voll Beeren zu sammeln. Wieder zu Hause gab er sie ganz stolz seinen Eltern. Diese staunten, wie groß Lumo schon war. Von seinem Abenteuer erzählte er niemandem, aber von jetzt an war Lumo jeden Morgen einer der ersten unter der Tanne.

Mit Hilfe dieser Geschichte können sich Kinder vorstellen, warum es wichtig ist, Regeln, die für die Gruppe gelten, auch auf sich zu beziehen. Oft haben Kinder, die sich in der Gruppe nicht angesprochen fühlen, noch kein Gespür dafür entwickelt, daß sie ein wichtiger Teil der Gemeinschaft sind. Ohne sie fehlt etwas, die anderen zählen auf sie, und ihr Beitrag an die Gruppe ist wichtig. So wie der kleine Hase Lumo müssen diese Kinder lernen, daß es nicht egal ist, ob sie sich in die Gruppe integrieren oder nicht.

Sprechen Sie mit Ihrem Kind über Lumo, Oma Hase und seine eigenen Gefühle gegenüber der Gruppe.

„Ich hau dich gleich" –
Mein Kind geht auf Schwächere los

Frederiks Mutter bekommt einen Anruf von der Lehrerin. Offenbar hat er zum wiederholten Male andere Jungs in der Pause dazu aufgefordert, zusammen mit ihm auf Moritz loszugehen. Moritz ist der Kleinste in der Klasse und hat gegen die drei kräftigen Jungs natürlich keine Chance.
Als die Mutter Frederik zur Rede stellt, windet er sich damit aus der Situation, daß Moritz ihn immer ärgere. Sie wollten ihm eine Lektion erteilen, und außerdem sei es gar nicht so schlimm gewesen. Zum Beweis boxt Frederik seine Mutter und meint, das hätte doch wohl nicht weh getan. Moritz solle nicht so wehleidig tun. Die Mutter versucht Frederik zu erklären, daß jeder

Mensch etwas anderes als Schmerz empfindet und daß man sowieso niemanden einfach verprügeln darf. Schon gar nicht zu dritt. „Das ist doch wirklich ungerecht, Frederik. Stell dir mal vor, das würde dir passieren."
Am Abend beim Zubettgehen erzählt Frederik der Mama von einem großen Jungen, der ihm auf dem Schulweg schon zweimal aufgelauert hat. Er hat gedroht, ihn zu verprügeln, wenn Frederik ihm sein Taschengeld nicht gibt. Frederik weint, denn der Junge hat gesagt, daß er ihn ganz schlimm verhaut, wenn er ihn verpetzt. Die Mutter kann Frederik beruhigen und verspricht, etwas zu unternehmen. Dafür muß er versprechen, Moritz in Ruhe zu lassen.

Eine solche Geschichte könnte an jeder Schule passieren. Sie erschreckt Eltern und Lehrer gleichermaßen und ruft ein Gefühl der Hilflosigkeit hervor. Außerdem zeigt sie deutlich, was mit dem Spruch „Gewalt erzeugt Gewalt" gemeint ist. Frederik reagiert auf die erlebte Hilflosigkeit, indem er in einer anderen Situation versucht, diese Hilflosigkeit mit

Überlegenheit zu kompensieren. In unserem Beispiel verläuft die Sache einigermaßen glimpflich, weil alle Beteiligten aufmerksam sind, sofort reagieren und einander vertrauen. Die Lehrerin stempelt Frederik nicht zum gewalttätigen Schläger, sondern ahnt, daß hinter seinem Verhalten etwas anderes stecken muß. Sie zieht seine Mutter sofort ins Vertrauen. Diese wiederum schimpft nicht einfach mit ihrem Kind, sondern versucht ihm klar zu machen, daß er da etwas getan hat, was er selbst nicht erleben möchte. Frederik fühlt sich ernst genommen und kann seiner Mutter erzählen, was ihm so schwer auf der Seele liegt.

Kein Kind ist einfach ein Schläger und prügelt aus Spaß! Hinter diesem Verhalten steckt immer aufgestaute Wut und Hilflosigkeit. Wenn ein Kind zur Gewaltanwendung neigt, müssen sich Eltern und Lehrer immer fragen, warum es das tut. Das Kind einfach zu verurteilen und auf seine Gewalt wiederum mit Gewalt zu reagieren, verschlimmert die Situation nur noch.

Warum prügeln Kinder?

Die Gründe, warum ein Kind auffällig oft in Schlägereien verwickelt ist oder sie initiiert, können sehr vielfältig sein. Wenn Eltern erfahren, daß dies beim eigenen Kind der Fall ist, sollten sie sich erst einmal folgendes bewußt machen: Hauen ist immer eine Kommunikationsstörung. Das Kind weiß sich in dem Moment nicht anders zu helfen als mit Schlägen. Andere Formen der Kommunikation sind ihm in der Situation nicht zugänglich.

Aus irgendeinem Grund

kann es nichts sagen,

❍ weil es ihm die Sprache verschlagen hat,
❍ weil es die Worte, die es braucht, nicht findet;

kann es nicht friedlich spielen,

❍ weil es innerlich keinen Frieden findet;

kann es nicht mit anderen zusammen sein,

❍ weil Angst und Aggression wie ein Gefängnis sind.

Der Befehl „Du darfst nicht prügeln", so eindringlich er auch immer formuliert ist, wird nicht fruchten. Das Kind kann nicht anders, obwohl es vielleicht möchte. Konflikte anders als mit Gewalt zu lösen be-

deutet, über andere Wege der Konfliktlösung zu verfügen. Als Eltern können wir unseren Kindern helfen, diese Wege zu entdecken oder auch wiederzufinden, wenn sie durch prägende, negative Erlebnisse verbaut sind.

Je tiefer die Gründe für Aggressionen liegen, je länger das Verhaltensmuster schon aktiv ist, desto mehr Zeit und Einfühlsamkeit müssen die Erwachsenen einsetzen, um dem Kind zu helfen. Erwarten Sie also keine Wunder von einem Tag auf den anderen. Geben Sie nicht auf, auch wenn es einige Wochen dauert, bis erste Anzeichen für eine Änderung des Verhaltensmusters sichtbar werden. Viel Liebe und Aufmerksamkeit werden aber in jedem Fall etwas bewirken.

Mauern abtragen

Folgendes Bild hilft Ihnen, die nötige Geduld aufzubringen:
Stellen Sie sich immer wieder vor, wie Sie Stein für Stein eine riesige Mauer in Ihrem Kind abtragen. Manche Steine lösen sich nur schlecht, andere können Sie ganz leicht herausnehmen. So befreien Sie Ihr Kind langsam von einer belastenden Blockade, die ihm den entspannten Umgang mit anderen unmöglich macht. Es hat lange gedauert, bis die Mauer so hoch und stark war, und es wird einige Zeit dauern, sie wieder abzutragen. Dahinter steckt eine verletzte Seele, welche die Mauer auch als Schutz braucht. Deshalb kann sie nicht einfach mit Gewalt abgerissen werden, denn das würde die Seele zu sehr erschrecken.

„Hauen ist doof" – Abreagieren geht auch anders

Bewegung macht gelassener!

Immer wieder weisen Kinderpsychologen darauf hin, daß ihnen bei Therapiestunden mit Kindern folgendes auffällt: Die Bewegung, das Toben und das Laut-sein-dürfen nimmt im Leben von Kindern wenig Raum ein. Außerdem erreichen sie nur selten die Grenzen ihrer Leistungsfähigkeit.

Manche Kinder wissen schon gar nicht mehr, wie es sich anfühlt, wenn man vom Fußballspielen oder auf Bäume klettern hundemüde nach Hause kommt und nur noch einen Gedanken hat: Schnell ins Bett fallen! Daß dem so ist, liegt an den immer enger werdenden Räumen, die unsere Gesellschaft Kindern zur Verfügung stellt: weniger Spielplätze, zu kleine Wohnungen, in denen ein lautes Wort häufig schon zuviel ist, und Eltern, die so eingespannt sind, daß sie nur noch selten in einen kinderfreundlichen, aber schwer erreichbaren Park fahren können.

Es liegt aber nahe, daß Kinder, die sich im Spiel oder Sport regelmäßig körperlich verausgaben, wenig Energie für Aggressionen und Prügeleien übrig haben. Der Zusammenhang zwischen Sport im weitesten Sinne und Streß- beziehungsweise Aggressionsabbau ist längst erwiesen. In der körperlichen Betätigung wird genau die Energie kanalisiert, die sich sonst unkontrolliert in Aggressionen äußert. Spannung wird so umgewandelt und kann abfließen, ohne sich einen Weg über Prügeleien suchen zu müssen. Regelmäßiger Sport kann manchen aggressiven Kindern also durchaus helfen.

„Erste Hilfe" bei Wutanfällen

Je nach Temperamentslage können schon kleine Kinder richtige Wutanfälle bekommen. Da wird dann wild auf alles eingeschlagen, was sich in den Weg stellt, Spielsachen werden zertrümmert, ein anderes Kind verprügelt. Oft neigen gerade solche „Wutanfall-Kinder" dazu, kaum oder gar nicht zugänglich für Gespräche zu sein. Ihnen fällt es besonders schwer, Worte für Gefühle zu finden. Ihr an und für sich fast unauffälliges Verhalten kann ganz unmerklich in eine nur mühsam zurückgehaltene Aggression münden. Dieses „Geladensein" ist ihnen dann selbst unheimlich, wenn es sich irgendwann wie ein Gewitter entladen muß.

Die Gründe dafür sind diesen Kindern nicht bewußt. Sie leiden an einem Unwohlsein, das Aggressionen erzeugt. Den daraus resultierenden Wutanfällen sind sie oft hilflos ausgeliefert. Sie sind „außer sich", wie der Volksmund sagt, und dieser Spruch trifft die Sache ganz genau. **Die Kinder spüren sich in solchen Momenten nicht mehr; sie leiden zweifach: an der Ursache ihrer Aggression einerseits und an den Auswirkungen dieser Aggressionen andererseits.** An dieser Stelle setzt die Methode der therapeutischen Umarmung an.

Wutanfälle „wegumarmen"

Wenn Ihr Kind einen Wutanfall hat, dann versuchen Sie, es zu halten. Setzen Sie Ihre Kraft gegen seine ein, aber nicht in Form von Gegenaggressionen, sondern in Form eines Symbols für Zuneigung – der Umarmung. Während des Anfalls erinnert diese natürlich eher an eine Umklammerung.

Durch die liebevollen, beruhigenden Worte, die Sie dem Kind in dieser Phase zuflüstern, verliert sie aber ihr aggressives Element. In den meisten Fällen beruhigt sich das Kind relativ schnell und seine Wut geht in ein Weinen über.

Behalten Sie Ihr Kind weiterhin im Arm und sagen Sie ihm, wie lieb Sie es haben. Sehr oft folgt auf das zuerst noch aufgeregte Schluchzen ein ruhigeres Weinen – und dann das Reden. Denn die Umarmung ist ein konstantes, deutliches Signal dafür, daß das Kind auch in seiner Wut geliebt wird. So können Sie mit der Zeit das Vertrauen schaffen, das es auch sogenannten „verstockten" Kindern ermöglicht, mittels Sprache an die Ursachen ihrer tiefsitzenden Aggression zu gelangen.

Jeder ist mal sauer –
Die Wut muß raus

Gute und schlechte Geheimnisse

Manchmal steckt hinter der auffälligen Aggressivität eines Kindes ein Geheimnis. Kinder schätzen Geheimnisse und nehmen sie sehr ernst, denken wir nur an die Heimlichkeiten um die Weihnachtsgeschenke oder an Geheimnisse unter Freunden. Kinder behandeln sie alle gleich, obwohl es unterschiedliche Formen gibt: Es gibt Geheimnisse, die ein wohliges Gefühl der Zusammengehörigkeit und Vorfreude verursachen. Das Kind hat beispielsweise etwas zum Muttertag gebastelt und verrät nichts davon, damit Mama richtig überrascht ist. Diese Geheimnisse sind etwas Wertvolles. Es gibt aber auch schlechte Geheimnisse. Wenn man an sie denkt, bekommt man Angst oder wird wütend. Sie plagen wie kleine Teufelchen und machen krank. Man glaubt zu wissen, daß etwas Schlimmes passiert, wenn man sie verrät. Solche Geheimnisse soll man besser verraten, denn dann verlieren die Teufelchen ihre Kraft und müssen verschwinden. Etwas Schlimmes kann dann nicht passieren.

Diese Geheimnisse sind nichts Wertvolles, sondern gehören in den Müll. Erklären Sie Ihrem Kind diesen Unterschied immer wieder, und reagieren Sie stark und liebevoll, wenn es sich Ihnen anvertraut. Vielleicht wissen Sie im Moment auch nicht, wie sie mit dem Geheimnis des Kindes umgehen sollen oder was zu tun ist. Geben Sie ihm aber auf jeden Fall das Gefühl, daß Sie ihm helfen können. Wenn das Geheimnis auch für Sie zu beunruhigend ist – denken wir nur an das Thema „Mißbrauch von Kindern –, dann suchen Sie Hilfe bei einem Schulpsychologen oder einer Therapeutin.

Wenn ein schlechtes Geheimnis Ihr Kind plagt, wenn es deshalb wütend ist, dann helfen Sie ihm, diese Wut herauszulassen. Denn erst dann kann Ihr Kind reden, sich öffnen und Ihnen die Dinge, die es bedrückt, anvertrauen.

Wut ist kein Tabu!

Jeder ist mal sauer, auch wir Erwachsenen. Im Auto schimpfen wir über unmögliche Verkehrsteilnehmer, wir ärgern uns über die Nachbarn oder den Chef. Und sehr oft bemerken wir irgendwann, daß unsere Wut auf den Chef tiefer liegende Ursachen hat als nur sein blöder Spruch heute morgen. Wie gehen wir damit um? Erzählen Sie ihrem Kind,
- wie es sich für Sie anfühlt, wenn Sie wütend sind;
- was Sie tun, um Ihre Wut loszuwerden.
- was Ihnen hilft, ruhiger zu werden;
- wie Sie sich versöhnen.

Wut und Aggression dürfen nicht einfach tabuisiert werden, denn sie sind Ausdrucksform und Gefühlslage des Menschen. Sie können auf verschiedene Art gelebt werden, dürfen jedoch nicht zum Schaden anderer beitragen. Diese Regel müssen Kinder lernen.

Sie sollen aber auch erleben, daß es legitime Gründe gibt, in Wut zu geraten. Schließlich sollen sie sich nicht alles gefallen lassen. Die Fähigkeit, laut und deutlich und mit der Kraft der Aggression „nein" zu sagen, kann lebenswichtig sein.

Aikido statt sinnloses Geprügel

Wut und Aggression sind kräftige Gefühle. Die Energie eines Menschen sammelt sich in einem Augenblick der Wut und zielt auf das, was ihn wütend macht. In der Wut kann jemand bis zu viermal soviel körperliche Kraft mobilisieren wie im Ruhezustand. Die „Kunst" besteht darin, diese Kräfte zu beherrschen und nicht von ihnen beherrscht zu werden. Auf Kinder, die mit ihrer Wut und Aggression schlecht umgehen können, kann ein Kampfsporttraining sehr heilsam wirken. Den Kampfsportarten ist gemeinsam, daß einerseits großer Wert auf die Entdeckung der enormen Kräfte, die in uns wohnen, gelegt wird. Andererseits soll der disziplinierte und bewußte Umgang damit gelernt werden. Sinnloses Prügeln ist dort tabu – Kämpfen als Kunst ist die Devise. Die meisten Trainingszentren für Aikido und ähnliches bieten ein Training für Kinder an.

Ein Sandsack für kleine Boxer

Wer eine richtige Wut im Bauch hat, kann schlecht erklären, warum er so wütend ist. Das fühlt sich an, als wäre man ein zum Platzen gefüllter Ballon. Zuerst muß mal die Luft raus, dann kann man auch wieder reden. Wenn Ihr Kind häufig einfach drauf los prügelt, dann nähen Sie ihm doch einen Sandsack, wie Boxer ihn im Training benutzen. Es kann dann hauen, wie es will, ohne jemandem weh zu tun. Ein mit Sand gefüllter Sack ist natürlich sehr schwer. Besser geeignet sind Reis oder Schaumgummistückchen. Benutzen Sie einen alten Kissenbezug als Sack, oder schneiden Sie Stoff auf das gewünschte Maß zurecht (ca. 40 x 50 cm). Nähen Sie den Stoff auf drei Seiten zusammen, füllen Sie das Stopfmaterial ein, und nähen Sie anschließend auch die vierte Seite zu. Nun muß der Sack nur noch mit einer Aufhängevorrichtung versehen werden, damit er in der Mitte des Zimmers von der Decke hängen kann.

Von Ärger bis Zoff –
Kinder dürfen streiten

Lars und Nico spielen friedlich im Sandkasten auf dem Spielplatz. Ihre Mütter sitzen auf der Bank und sind in eine angeregte Unterhaltung vertieft. Die zwei Jungs bauen und graben, nach einem nur ihnen bekannten Plan, eine Landschaft für ihre Plastiksaurier. Die Mütter achten nicht besonders auf die beiden Jungs. Doch auf einmal werden Lars' und Nicos Stimmen lauter, der Ton aggressiv: „Nein, so geht das nicht! Ich weiß, daß der Tyrannosaurus die andern frißt. Der muß auf der andern Seite vom Fluß leben, du Blödmann!" „Selber doof! Das ist kein Rex, sieht man doch. Der ist viel zu klein, und außerdem hat Papa gesagt, daß man gar nicht so genau weiß, was der alles gefressen hat." „Klar ist das ein Tyrannosaurus Rex, du hast doch keine Ahnung und dein Papa auch nicht!" Lars wirft das umstrittene Objekt weit weg ins Gras. Nico heult und geht auf ihn los. Jetzt werden die Mütter aufmerksam, rennen zu den Kindern, trennen sie voneinander und schimpfen mit Lars und Nico. Auf die Erklärungen der beiden gehen sie nicht ein.

Sicher kennen Sie ähnliche Spielplatzszenen. Zuerst spielen die Kinder friedlich miteinander, doch plötzlich gibt es Streit. Meist kracht es nur wegen einer Kleinigkeit, und häufig mündet der Streit auch in Handgreiflichkeiten. Meist schrecken wir Eltern erst dann auf, legen unser Buch beiseite oder unterbrechen unsere Unterhaltung. Auch die beiden Mütter in unserem Beispiel haben den Verlauf des Streites nicht mitbekommen. Sie kamen erst in der Endphase dazu, als die beiden laut wurden und miteinander rauften. Jetzt ging es nur noch darum, die beiden zu trennen und eine schlimme Prügelei zu verhindern. Was aber war vorher? Warum haben sich die beiden in die Wolle gekriegt? Spielt das eine Rolle? Gibt es überhaupt triftige Gründe für einen Streit unter Kindern?

Kann denn Streiten sinnvoll sein?

Stellen wir uns diese Frage in bezug auf Erwachsene, antworten wir wohl mit „Ja". Selbstverständlich gibt es Momente, in denen ein Streit, eine Auseinandersetzung wichtig und richtig ist. Das Wort Auseinandersetzung sagt es ja schon: Eine Unklarheit ist entstanden, unterschiedliche Bedürfnisse und Ansichten prallen aufeinander, verwirren sich im Streit und müssen wieder auseinander gesetzt werden. Niemand würde bestreiten, daß dies ein wichtiger und unerläßlicher Vorgang ist. Das Motiv für die Auseinandersetzung ist immer etwas, das uns am Herzen liegt, auch wenn der äußere Anlaß nur eine Kleinigkeit ist. Oft bemerken wir erst einige Zeit nach dem Streit, was uns tief im Inneren wirklich geärgert hat, was uns dazu brachte, einen Streit vom Zaun zu brechen. Aber immer gab es einen Grund. Und wir alle wollen, daß dieser auch ernst genommen wird.

Bei Kindern ist das genauso. Wenn wir den Streit von Lars und Nico noch einmal genau betrachten, dann wird klar, daß die beiden nicht einfach wegen des Dinosauriers gestritten haben. Sie hatten jeder für sich eine Vorstellung von ihrem Dinosaurierland. Mit Feuereifer waren sie dabei, diese Idee in die Tat umzusetzen. Für eine gewisse Zeit deckten sich beide Vorstellungen, doch dann ging es an die Details: Lebt der Tyrannosaurus links oder rechts vom Fluß? Wohnt da überhaupt einer? Jeder hat die Argumente, die ihm für seine eigene Vorstellung zur Verfügung standen, herangezogen. Einer seinen Papa, der andere sein eigenes Wissen. Wir Erwachsenen verhalten uns beim Streiten nicht anders. Und wehe, der andere respektiert unsere Argumente oder die zitierten Autoritäten nicht.

Wenn Meinungen auseinandergehen, ist eine Auseinandersetzung unumgänglich. Die Frage ist bloß, wie soll sie ablaufen? Fehlt der gegenseitige Respekt während des Streites, dann kommt es zu Verletzungen, gegen die man sich nur schwer wehren kann. Der Streit dreht sich dann nicht mehr um das gemeinsame Projekt, sondern wechselt auf die persönliche Ebene. Es folgen Kränkungen und im Fall von Lars und Nico sogar Tränen und eine Prügelei.

Ihr Streit war aber keinesfalls sinnlos. Im Gegenteil, das gemeinsame Projekt „Dinosaurierland" war an einem Punkt angelangt, an dem das weitere Vorgehen nicht mehr ohne eine Auseinandersetzung über die jeweiligen Vorstellungen beschlossen werden konnte. Es wäre darum gegangen, einen Konsens zu finden, das heißt, gemeinsam herauszufinden, wie man die jeweiligen Ideen unter einen Hut bringen kann. Die Lösung für das Problem, das den Streit provoziert hat, zu finden, das ist schwierig. Manchmal ist die Hilfe von Erwachsenen notwendig, aber nicht immer! **Wenn Kinder oder Erwachsene es schaffen, eine Auseinandersetzung so zu gestalten, daß auch Konsens und Versöhnung Platz haben, dann kann der Streit sinnvoll sein.**

Streitkultur für Kinder

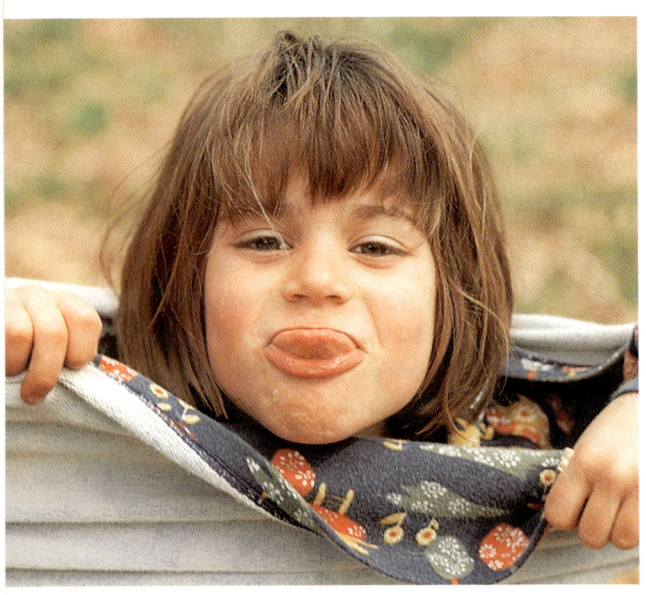

Zu viel Kontrolle und Einmischung von seiten der Erwachsenen erzeugen eine Mischung aus Bequemlichkeit und Aggressivität. Außerdem verhindern sie ein selbstverantwortliches Handeln der Kinder. **Wie sollen Kinder Probleme selbst kreativ lösen, wenn Eltern und Erzieherinnen ständig eingreifen, entscheiden und schlichten? Bei Konflikten müssen wir ihnen den Raum lassen, selbst zur Auflösung des Streites beizutragen.** Fragen wir doch die Kinder nach ihren Ideen zur Lösung des Problems! Wer Problemlösungen mitgestalten darf, wird sie auch mittragen. Natürlich ist das eine zeitaufwendige Sache. Für Kinder, die offenkundig Mühe haben, Konflikte konstruktiv zu lösen, ist dieser Einsatz der Erwachsenen aber Gold wert.

Anna und Sophie sind bei Paula zu Besuch. Die drei Mädchen kennen sich gut. Sie wohnen in derselben Straße und gehen zusammen in den Kindergarten. Die Mütter passen abwechselnd auf die drei auf. Meist vertragen sich die drei bestens. Ein Problem taucht aber immer wieder auf: Plötzlich verbünden sich zwei Mädchen gegen das dritte, und oft endet das mit Tränen.

Auch heute bahnt sich dieser Konflikt wieder an. Sophie und Paula wollen mit den Puppen spielen, Anna findet das doof. Sie läuft weg und beschwert sich bei Paulas Mutter, die im Wohnzimmer die Zeitung liest. Die Mutter fragt: „Anna, was würdest du denn gern spielen?" Anna weiß es nicht, aber sicher nicht mit den Puppen. „Warum denn nicht?" will Paulas Mutter wissen. „Immer kriegen Sophie und Paula die zwei neuen Puppen, und ich muß dann mit dem blöden Puppenbaby ohne Arm spielen!"

Paulas Mutter geht mit Anna ins Kinderzimmer. „Hört mal ihr zwei, Anna hat mir gerade erzählt, warum sie nicht spielen will. Sophie und du, Paula, habt wohl immer die neuen Puppen. Anna möchte auch mal damit spielen. Was können wir denn da machen?"

Paulas Mutter reagiert sehr gut auf die sich anbahnende Konfliktsituation.

1. Sie nimmt zur Kenntnis, daß ein Problem existiert, und versucht, dessen Ursachen herauszufinden.
2. Sie nimmt das Problem auf und macht es der anderen Konfliktpartei (Sophie und Paula) deutlich.
3. Sie entscheidet nicht über das weitere Vorgehen, sondern fragt alle Beteiligten nach Ideen.

Ihr Eingreifen ist richtig, denn das Kräfteverhältnis der Kinder ist nicht ausgeglichen (zwei gegen eine). Sie greift jedoch subtil ein, und zwar in drei Schritten, mit denen sie den Kindern hilft, den Streit zu verstehen, und sie dazu animiert, selbst nach Lösungen zu suchen.

Streitmuster in der Familie

Paulas Mutter tritt als Vermittlerin auf, die den Konfliktparteien hilft, das Problem zu erkennen und Lösungen zu finden. Das bringt allerdings nur etwas, wenn auch die Auseinandersetzungen, die Kinder in der Familie miterleben, nach diesem Muster ablaufen. Wenn sie in der Familie ein Streitmuster erleben, das nach dem Motto „Der Stärkste, Lauteste oder Frechste setzt seinen Willen durch" abläuft, werden sie dieses in ihr eigenes Verhalten integrieren. Es verunsichert sie sehr, wenn Mama und Papa nach ganz anderen Regeln streiten, als sie es von den Kindern erwarten. Die Streitkultur der erwachsenen Bezugspersonen hat also unmittelbare Auswirkung auf das Konfliktverhalten der Kinder.

Wir leben Kindern vor, was ein Streit ist, wie man ihn durchlebt und wie man ihn wieder beenden kann. **Da vor allem Kinder bis zum Schulalter stark durch die Nachahmung lernen, profitieren sie davon, wenn Erwachsene ihnen jenes Verhalten vorleben, das sie auch von den Kindern erwarten.**
Kinder sind oft in der Streitsituation gefangen, das heißt, sie spüren, daß jeder etwas anderes will, können mit dieser Tatsache aber nichts anfangen. Das Spiel ist blockiert und ihre Wahrnehmung ebenso. Sie haben noch nicht gelernt, daß ein Aufeinandertreffen unterschiedlicher Bedürfnisse nicht zwingend damit enden muß, daß der Stärkste sich durchsetzt. Was wir einen Kompromiß nennen, ist für sie je nach Reifegrad etwas völlig Fremdes. Zu erkennen, daß die Bedürfnisse des anderen genauso legitim sind wie die eigenen, ist ein großer Schritt für jedes Kind. Und dieser Schritt ist der Beginn jeder Streitkultur. Denn wenn das, was der andere will, genauso wichtig und richtig ist, dann kann die Lösung nicht darin liegen, den eigenen Willen durchzusetzen.

Tip

Es ist nicht nötig, einen Streit unter Erwachsenen immer vor den Kindern zu verbergen. Wenn Vater und Mutter über eine wirkliche Streitkultur verfügen, sich also so streiten können, wie sie es auch von ihren Kindern erwarten, dann können die Kinder aus diesem positiven Streitverhalten durchaus etwas lernen.

Ich will ... Du willst ...

Was der andere will, hat auch Vorteile. Was ich will, hat auch Nachteile. So simpel das klingt und so wahr es bei jedem Streit ist, so schwierig ist es zu verinnerlichen. Auch Erwachsene, jede Mutter, jeder Vater und jede Erzieherin, sind sich dieses Grundsatzes nicht bei jeder Auseinandersetzung bewußt. Selbstverständlich wäre es illusorisch zu glauben, man könne Kinder dazu bringen, bei jedem Streit nach diesem Grundsatz zu handeln und Lösungen zu suchen. Dennoch sollten wir versuchen, diesen Grundsatz ins Bewußtsein zu rufen – mit gezielten Fragen, die man den Streitenden stellt, oder mit der Aufforderung, die Fragen an den anderen zu richten.

○ Was will ich? Warum will ich das?
○ Was will mein Gegenüber? Warum?
○ Welche Vorteile hat das, was ich will? Welche Nachteile?
○ Welche Vorteile hat das, was mein Gegenüber will? Welche Nachteile?
○ Welches Ziel haben wir? Wie können wir es erreichen?

Solche Fragen geben den Kindern ein Gefühl dafür, daß es für ein Problem meist mehrere gute Lösungen gibt.
Folgende Geschichte ist eine Art Trockenübung für die eigenen Kämpfe und Auseinandersetzungen.

Die zwei Eichhörnchen und der Wintervorrat: eine Geschichte

Es waren einmal zwei Eichhörnchen, die hießen Lia und Leo. Sie wohnten gemeinsam tief im Wald in einer hübschen Tanne. Im Frühling und Sommer waren sie beide sehr vergnügt und hatten allerlei Schabernack im Kopf: Sie ärgerten Frau Eule oder hielten den Fuchs zum Narren. Ums Futter brauchten sie sich nicht groß zu kümmern, denn überall im Wald gab es genug zu essen. Wenn aber der Herbst kam, begann für Lia und Leo eine anstrengende Zeit. Dann hieß es Nüsse sammeln und noch mal Nüsse sammeln, damit im Winter, wenn die Natur ruht, genügend Vorräte da sind und die beiden nicht Hunger leiden müssen.
Überall suchten Lia und Leo nach Haselnüssen. Es dauerte Tage, bis sie genügend Nüsse zusammengesucht hatten. Dann aber stapelte sich ein ganzer Berg von wunderbaren Haselnüssen vor ihrer Behausung.

„Weißt du Lia," sagte Leo eines Tages, „wir müssen die Nüsse jetzt aber irgendwo vergraben, sonst werden sie gestohlen!" „Nein Leo, wir vergraben sie nicht; ich kenne einen verlassenen Dachsbau. Dort bringen wir sie hin, dann können wir uns die Grabarbeit sparen!" „Den Dachsbau kenne ich auch, Lia. Aber der ist so weit weg von unserer Höhle im Baum. Vergraben wir sie doch lieber in der Nähe." „Du überlegst aber auch gar nichts. Familie Maus weiß genau, wo wir wohnen. Die werden hier in der Nähe alles durchsuchen und unsere Nüsse finden. Sie müssen weg, und zwar dahin, wo sie niemand vermutet." „Und dann willst du wegen jeder Nuß bei Kälte und Schnee den langen Weg zum Dachsbau machen?" So stritten die beiden eine ganze Weile. Sie konnten sich nicht einigen, ob die Nüsse nun in den verlassenen Dachsbau gebracht oder in der Nähe vergraben werden sollten.

Erzählen Sie die Geschichte bis zu diesem Punkt, und fragen Sie Ihr Kind, ob es den beiden helfen kann. Wenn es einfach zu einer der beiden Lösungen tendiert, dann schildern Sie ihm noch einmal die Nach- und Vorteile von beiden. Vielleicht kommt es selbst auf einen Kompromiß: ein Teil der Nüsse kommt in die Dachshöhle, ein Teil wird in der Nähe vergraben, oder Lia und Leo suchen ein Versteck, das genauso gut ist wie die Dachshöhle, aber näher an ihrer Behausung. Findet Ihr Kind einen Kompromiß, dann loben Sie es für seinen Einfallsreichtum. Wenn Ihr Kind keine Lösung findet, dann erzählen Sie ihm, daß es Lia und Leo genauso geht wie ihm: Sie brauchen jemanden, der ihnen bei diesem Problem hilft. Erzählen sie dann weiter:

Plötzlich sagte Leo: „Weißt du was, wir finden keine Lösung. Ich glaube, wir sollten nicht weiter streiten, das bringt nichts. Laß uns zu Frau Eule gehen. Sie weiß immer Rat."
Lia und Leo wanderten also zu Frau Eule und schilderten ihr Problem mit den Nüssen. Frau Eule wiegte den Kopf hin und her, schloß die Augen und sagte: „Ich muß erst einmal nachdenken". Lia und Leo warteten geduldig. Auf einmal öffnete Frau Eule die Augen und sagte: „HUHU, ich weiß, was zu tun ist. Ihr zwei klugen Kinder habt beide recht. Also: Einen Teil der Nüsse bringt ihr in den Dachsbau, da werden sie sicher nicht gestohlen. Die andern vergrabt ihr in eurer Nähe. An sehr kalten Wintertagen holt ihr von den Nüssen in der Nähe. An den weniger kalten von denen im Dachsbau." Lia und Leo schauten sich verdutzt an. Daß sie da nicht selber drauf gekommen sind!

„Gemeinsam kriegen wir das hin" – Auch Streiten braucht Regeln

Moritz und Maria sind Geschwister. Moritz ist vier Jahre alt, Maria zweieinhalb. Die beiden teilen sich ein Zimmer und sind eigentlich ganz zufrieden damit. Ihre Eltern haben es aufgeteilt, so daß beide Kinder ihre Spielecke haben und auch noch genügend Raum für gemeinsame Lego- oder Klötzchenbauten.

Seit Moritz aber in den Kindergarten geht, scheint ihn seine Schwester häufiger zu nerven als vorher. Er hat den Umgang mit Gleichaltrigen kennengelernt und wird manchmal recht ungeduldig gegenüber seiner kleinen Schwester. Heute hat er mit Bauklötzen eine riesige Burg im gemeinsamen Teil des Zimmers gebaut – ein wahres Meisterwerk. Voller Stolz präsentiert er die Burg seiner Mama und freut sich schon darauf, sie am Abend dem Papa vorzuführen. Maria gefällt die Burg auch sehr gut. Sie möchte unbedingt damit spielen, und zwar Prinzessin und Prinz.

Als Moritz bei Mama in der Küche sitzt, holt sie ihre Spielfiguren und legt los. Leider ist sie unvorsichtig, und das Kunstwerk fällt in sich zusammen. Moritz hört das Krachen der Bauklötze, eilt herbei und sieht die Bescherung. Jähe Wut überkommt ihn, und er haut, tief enttäuscht und zornig, auf seine Schwester ein. Die Mutter hört Marias lautes Weinen und Schreien und stürzt herbei. Es dauert eine ganze Weile, bis Marias Tränen getrocknet und Moritz' Wut etwas verraucht sind. Wieder einmal versucht die Mutter Moritz beizubringen, daß er seine kleine Schwester nicht schlagen darf. Maria erklärt sie, daß sie nicht einfach, ohne zu fragen, mit Moritz' Sachen spielen darf. Zusammen bauen sie nach Moritz' Anweisungen die Burg wieder auf.

Solche handfesten Auseinandersetzungen gehören unter Geschwistern zum Alltag, und sie zählen zu den Vorkommnissen im Familienleben, die ganz schön an die Nieren gehen. Als Eltern sind wir angesichts eines solchen Streites hin- und hergerissen zwischen trösten, Verständnis zeigen und erklären. Wir wollen den Kindern klarmachen, daß sie ungeschriebene Regeln, die sie befolgen sollen, verletzt haben. Wir erwarten von ihnen, daß sie ihre Wut nicht ungebremst mit Schlägen ausdrücken und das Eigentum von anderen respektieren. Diese Dinge erklären wir ihnen immer wieder. Wer hat nicht schon einmal entnervt ausgerufen „Das hab ich dir doch schon hundertmal gesagt!" Leider ist der Erfolg in vielen Fällen mäßig. Auch Moritz und Maria wissen, daß sie sich falsch verhalten haben. Aus irgendeinem Grund scheint dieses Wissen aber keine Kraft zu haben. Es verhindert weder Marias Übergriff auf Moritz' Werk noch seine Prügel. Ein Grund für die Wirkungslosigkeit dieses Wissens könnte die Tatsache sein, daß es bis dahin zu theoretisch war.

Kinder lernen mit Kopf, Herz und Hand

Die Regeln „Nicht prügeln" und „Respekt vor dem Eigentum des anderen" im Beispiel von Moritz und Maria sind reine Theorie – zumindest aus der Sicht der Kinder. Mama und Papa wollen das so. Nun könnte man einwenden, daß das reichen sollte. Dem ist aber nicht so. **Die Erkenntnis, daß die Eltern etwas so und nicht anders wollen, gewinnt ihre Wirkung erst durch eine Einsicht, die** über Herz und Hand in den Kopf gedrungen ist. Früher war das meist das Erlebnis einer Strafe bei Nichtbeachtung der Regel. Wer einen Nachmittag lang nicht draußen spielen durfte oder kein Nachtessen bekam, der vergaß die Regel so schnell nicht mehr. Heute sind wir glücklicherweise an einem anderen Punkt der Pädagogik angelangt. Drakonische Strafen betrachten wir als ungeeignetes Mittel der Erziehung. Was allerdings immer noch seine Gültigkeit hat und oft vergessen wird, ist, daß vor allem kleine Kinder nicht über den Intellekt lernen. Sie lernen und verstehen nur Zusammenhänge, die sie mit ihrem ganzen Körper und ihren Gefühlen erfassen können. Die Strafen früherer Zeiten hatten den „Vorteil", daß Kinder am eigenen Leib erlebten, was passiert, wenn sie Regeln nicht einhalten. Der große Nachteil war dagegen, daß die Angst als Lehrmeister eingesetzt wurde. Heute möchten Eltern, daß ihre Kinder die Regeln nicht nur einhalten, sondern auch verstehen. Wenn sie selbst zu der Einsicht gelangen, daß die Regel Sinn macht, werden sie diese auch befolgen. Diese Aufgabe ist zwar um einiges schwieriger als der Weg über Strafen, aber auch sehr viel fruchtbarer und wertvoller.

Wenn wir als Eltern möchten, daß unsere Kinder gewisse Regeln auch beim Streiten befolgen, dürfen wir diese nicht einfach aufstellen und ihre Nichtbeachtung bestrafen. **Wie in jeder Gemeinschaft sind auch unter Kindern nur solche Regeln und Gesetze wirksam, die miteinander erarbeitet und bezüglich ihrer Tauglichkeit getestet wurden.**

Die fünf goldenen Streitregeln

Nehmen Sie sich die Zeit, gemeinsam mit Ihren Kindern Regeln zu erarbeiten. Sie werden sehen, Kindern fällt zu diesem Thema einiges ein – wenn sie gefragt werden. Sicherlich werden Sie die Regeln, die Sie „schon hundertmal" erwähnt haben, in den Aussagen der Kinder wiederfinden, und noch einige mehr. Fragen Sie die Kinder auch, was passieren soll, wenn jemand die Vereinbarungen nicht einhält. Folgende fünf Regeln sollten unbedingt in Ihren persönlichen Familienstreitregeln enthalten sein. Vielleicht kommen die Kinder von selbst darauf.

1. Mit Gegenständen schlagen darf man nicht.
2. Fußtritte sind nicht erlaubt.
3. Bestimmte Schimpfwörter dürfen nicht gebraucht werden (Erstellen Sie mit den Kindern eine „schwarze (Schimpfwort-)Liste").
4. Es darf nichts kaputt gemacht werden.
5. Nach einem Streit muß man sich auch wieder versöhnen können.

Damit sie keine graue Theorie bleiben, finden Sie im folgenden zwei Vorschläge, wie die Streitregeln festgehalten werden können.
Beide Vorschläge brauchen Zeit. Durch das Reden, Malen, Zeichnen und Aufnehmen befaßt sich das Kind aber so intensiv mit dem Thema Streiten, daß seine Bereitschaft, gewisse Regeln zu befolgen, sicherlich steigt.

Zum Hören und Sehen

Material: ein Kassettenrekorder mit Aufnahmefunktion, kartoniertes Papier in DIN A5-Format (einen Bogen pro Streitregel), Malutensilien, Kordel

Sprechen Sie die Regeln gemeinsam mit Ihrem Kind auf Kassette. Das kann beispielsweise so klingen:
„Hauen ist verboten, das tut nämlich weh. Wie damals, als der Olaf mich geboxt hat." „Es gibt Worte, die gehören in den Müll und nicht in den Mund." ...

Selbstverständlich können Sie das Ganze mit selbst erfundenen Liedern, Musik oder Geräuschen unterstützen. Ein lautes „Aua" oder ähnliches paßt gut, und es macht den meisten Kindern Spaß, ein bißchen zu schauspielern.
Zu jeder Regel gibt es dann noch eine Zeichnung oder Collage auf Papier. Ganz zum Schluß werden die Seiten gelocht und mit einer Kordel zusammengebunden, so daß ein kleines Bilderbuch entsteht.
Vergessen Sie nicht, der Versöhnung genügend Raum zu geben, sowohl im Bild als auch in der Aufnahme.
Sie können das Büchlein oder die Kassette an einem besonderen Ort aufbewahren und immer wieder mit Ihrem Kind betrachten oder anhören.

Die goldene Streittafel

Material: große Kartontafel, Goldfolie oder Goldspray, dicke wasserfeste Filzschreiber in verschiedenen Farben

Die erarbeiteten Streitregeln werden in Form von Piktogrammen, das heißt in Zeichensprache auf dem großen Karton festgehalten. Wenn Sie wollen, können Sie den Karton zuvor mit Goldfolie umwickeln oder mit dem Spray verschönern. Das Verbot von Fußtritten läßt sich beispielsweise in Form eines durchgestrichenen Fußes abbilden. Die Versöhnung kann mit zwei Strichmännchen, die sich die Hand geben, dargestellt werden. Ihrer eigenen und der Phantasie Ihrer Kinder sind keine Grenzen gesetzt. Fragen Sie die Kinder nach Vorschlägen zur Gestaltung, und überlassen Sie ihnen das Zeichnen so weit wie möglich. Wenn die Tafel fertig ist, gehen Sie die Regeln anhand der Zeichnungen noch einmal mit den Kindern durch. Dann wird die Tafel gut sichtbar im Kinderzimmer aufgehängt und immer wieder gemeinsam angeschaut.

5

Angepaßte Mädchen, kämpferische Jungs? – Das Rollenverständnis

Auch das Rollenverständnis, das wir unseren Kindern mitgeben, hat Auswirkungen auf ihr Sozialverhalten. Wenn wir als Eltern dazu neigen, eher eng gefaßte Rollenvorstellungen zu hegen, und diese an das Kind weitergeben, zwingen wir ihm womöglich ein Verhalten auf, das ihm gar nicht entspricht – ein „typisch weibliches" oder ein „typisch männliches". Was das bedeutet, soll im folgenden erklärt werden.

Zwei Mütter unterhalten sich auf dem Spielplatz: „Schau mal, dort ist Bärbels Tochter?"
„Welche ist es denn?"
„Na die dort, auf dem Baum mit unseren Jungs!"
„Ach, das ist Bärbels Tochter. Die sieht ja aus wie ein Junge."
„Ist auch ein halber! Spielt nie mit den Mädchen. Es kann ihr nicht wild genug zugehen. Bärbel hat's nicht leicht mit ihr."

Eine ganz harmlose, oberflächliche Unterhaltung, die wir alle so oder so ähnlich kennen. Bei genauerer Betrachtung haben wir hier allerdings ein Pulverfaß voller Vorurteile und Rollenklischees vor uns:

○ Bärbels Tochter sieht aus wie ein Junge – Wie sollen Mädchen denn aussehen?
○ Bärbels Tochter ist ein halber Junge – Heißt das, sie ist kein „richtiges" Mädchen, nur ein halbes? Und was ist ein „ganzes" Mädchen?
○ Bärbel hat's nicht leicht mit ihr – Stimmt etwas nicht mit dem Mädchen, weil es gern wilde Spiele macht und auf Bäume klettert? Wäre es für Bärbel leichter, wenn ihre Tochter ein „richtiges" Mädchen wäre?

All dies sind absurde Fragen, auf die es keine vernünftige Antwort gibt – es sind aber genau die Fragen, die aus den Feststellungen der beiden Mütter hervorgehen. Selbstverständlich kennen wir solche Unterhaltungen auch mit umgekehrter Rollenverteilung: Dann geht es um Jungs, die „halbe" Mädchen sind und gerne mit Puppen spielen.

Zwischen Puppen und Spielzeugautos

Das Rollenverständnis, das wir mit den Begriffen „Frau", „Mann", „Mädchen" oder „Junge" verbinden, sitzt tief. Es ist entstanden aus Erziehung, Erfahrung und aus der Idealvorstellung, die wir mit unserer eigenen Rolle verbinden. Dabei spielt das Bildungsniveau oder die Frage, ob die Beteiligten von der Gleichstellung der Geschlechter gehört haben oder nicht, keine so große Rolle. Deshalb ist es auch für emanzipierte Männer und Frauen, die sich aktiv gegen überkommene Rollenverteilung wehren, nicht immer leicht, Rollenklischees zu vermeiden. Offenbar sind wir alle nicht gefeit vor den Fallen, die unsere Vorstellungen von geschlechtertypischem und -untypischem Verhalten uns stellen.

Als aufgeklärte Mutter, die ihrer Tochter Spielzeugautos schenkt und mit ihr auf Bäume klettert, sind wir beispielsweise enttäuscht, wenn das Mädchen lieber eine Prinzessin wäre und am liebsten in einer rosa Puppenwelt spielt. Warum enttäuscht? Auch dieses Frauenbild ist ein Gefängnis, wenn wir es einem Kind aufzwingen.

Wenn wir eine Erziehung anstreben, die wegführt vom klassischen Rollenver-

ständnis, brauchen wir vor allem eines: die Fähigkeit, Kinder erst einmal als individuelle Wesen wahrzunehmen, deren Charakterzüge nicht in erster Linie männlich oder weiblich sind, sondern menschlich.

Weg mit „alten Zöpfen"!

Vorurteile halten sich, wie der Staub unter Möbeln, ziemlich hartnäckig – und niemand ist frei davon. Sie prägen sich bereits im Kindesalter ein und mehr oder weniger ausgeprägt lauern sie in uns allen.

Listen Sie für sich auf, was Ihnen zu folgendem einfällt:

❍ Jungen sind ...
❍ Mädchen sind ...
❍ Jungen spielen ...
❍ Mädchen spielen ...

Es ist erstaunlich, welche Vorurteile auch in den aufgeklärtesten Eltern stecken. Wer aber bereit ist, sich bewußt, selbstkritisch und humorvoll mit Rollenklischees auseinanderzusetzen, der nimmt ihnen den Wind aus den Segeln.

Machen Sie diese Übung auch mit Ihren Kindern. Jeder darf sagen, was er oder sie über das andere Geschlecht denkt. Suchen Sie bei allen genannten Vorurteilen nach Beispielen, die diese widerlegen. Das kann etwa so aussehen: „Jungen machen sich immer dreckig!" – „Wie war es aber nach Lenas Geburtstagsfest? Waren da nicht alle schmutzig, und am allermeisten Sabine?"

„Ich will ein richtiger Junge sein" – Die Auswirkungen von Rollenklischees

Wie wichtig die Fähigkeit ist, Kinder als individuelle Wesen wahrzunehmen, wird deutlich, wenn wir einen Blick in die Zukunft wagen. Überlegen wir uns doch einmal, was in Bärbels Tochter Anja aus unserem vorigen und dem Jungen aus dem folgenden Beispiel vorgeht und wie sie ihre Erfahrungen in die Gruppe tragen werden.

Ein kleiner Junge von etwa fünf Jahren saß zuoberst auf der Wasserrutsche und weinte. Daneben stand sein Vater, hielt ihn fest und redete laut auf ihn ein: „Nun sei doch keine Memme, ist doch ein Klacks. Du rutschst jetzt hier runter. Der Jürgen hat das auch gemacht, und er ist sogar kleiner als du! Du bist doch auch ein toller Junge! Na los, nun mach schon!" Er gab dem Kleinen einen Schubs, der rutschte ins Wasser, kam prustend wieder an die Oberfläche und schluchzte sich die Seele aus dem Leib. Dem Vater fiel nichts anderes ein als: „Nun hab dich mal nicht so, ist ja nichts passiert."

Der Junge im Schwimmbad, nennen wir ihn Lukas, hat erfahren, daß seine Angst vor der Rutsche falsch ist – zumindest für einen richtigen Jungen. Jürgen ist ein toller Junge, das hat sein Vater gesagt. Und er möchte, daß Lukas ebenso einer ist. Also darf Lukas keine Angst haben. Wenn er sich dennoch fürchtet, dann sollte er

das nicht zeigen, sonst ist er eine „Memme". Wie also soll er sich verhalten? Am besten so tun, als hätte er nie Angst? Das nächste Mal, wenn sich ein anderes Kind auf dem Spielplatz davor fürchtet, aufs Klettergerüst zu kraxeln, wird Lukas – wie sein Vater – voll Verachtung auf den ängstlichen Kerl reagieren. Je häufiger Lukas ähnliche „Schwimmbad-Erfahrungen" macht, um so mehr wird er versuchen, seine Angst oder Unsicherheit zu verbergen. Er wird lieber schlagen oder andere auslachen, um das zu sein, was sein Vater einen tollen Jungen nennt. Wenn sein Vater ihn dann wegen seines Verhaltens ausschimpft, ist die Verwirrung für den kleinen Lukas perfekt. Denn eigentlich hatte er erwartet, daß Papa zufrieden mit ihm ist. Lukas wird sehr viel Hilfe brauchen, um wieder zu dem zurückzufinden, was er eigentlich ist: ein sensibler, eher vorsichtiger Junge.

Vom Nachgeben und Anpassen

Bärbels Tochter Anja hat unter Umständen gehört, was man über sie sagt. Die Frauen halten sie nicht für ein richtiges Mädchen, weil sie lieber auf Bäume klettert, statt mit Puppen zu spielen. Ihre Mutter hat es deshalb nicht leicht mit ihr. Das möchte Anja aber nicht. Sie will, daß ihre Mutter sich über sie freut, sie gern hat. Sie wird also versuchen, nicht mehr so wild zu sein. Was ist denn ein richtiges Mädchen, fragt sie sich. Lena vielleicht, die immer nur mit ihrem Puppenhaus spielen will? Anja möchte auch so ein

Gruppe. Denn auch hier gilt: Kinder, die sich in ihrer Haut unwohl fühlen, verhalten sich in der Gruppe früher oder später auffällig.

Doch auch eine Erziehung, die alle Unterschiede zwischen den Geschlechtern negiert, ist nicht erstrebenswert. Selbstverständlich gibt es Unterschiede. Diese lassen sich jedoch nicht verallgemeinern und keinesfalls als Normen einsetzen. Es gibt viele zurückhaltende Mädchen, aber auch zurückhaltende Jungs – beides ist normal, wenn es dem individuellen Wesen der Kinder entspricht. Mädchen wie Anja auf Zurückhaltung zu trimmen oder Jungs wie Lukas zu einem Hauruck-Verhalten zu animieren, ist ein fataler Eingriff in die Entfaltung der Persönlichkeit. Wir zwingen Kinder damit zu einem Benehmen, das nicht ihrem Wesen entspricht.

richtiges Mädchen werden. Wer will schon falsch sein!

Mit jeder Bemerkung, die Anja das Gefühl gibt, mit ihr stimme etwas nicht, wird sie ein bißchen mehr versuchen, ihr Wesen zu verbergen. Aus dem fröhlichen, unternehmungslustigen Mädchen wird ein stilles, unlustiges Wesen. Während sie sich bisher für ihre Bedürfnisse eingesetzt hat, wird sie Konflikten in Zukunft eher aus dem Weg gehen und nachgeben. Vielleicht fällt das nicht einmal auf, denn Anja wird sich anpassen. Innerlich aber wird sie leiden, sich von dem, was sie war, immer mehr entfernen.

Und schon sind wir mittendrin in den direkten Konsequenzen, die eine geschlechtsspezifische Erziehung auf das soziale Verhalten haben kann. **Eine Erziehung, die auf allzu mächtigen Rollenvorstellungen basiert, hat ihre Auswirkungen auch auf das Verhalten des Kindes in der**

Tip

Reden Sie mit Ihrem Kind immer wieder über die verschiedenen Berufe seiner Bezugspersonen, über die unterschiedlichen Arten, das Leben zu gestalten, und über alle möglichen Vorlieben und Abneigungen. Die Erkenntnis, daß wir sowohl Tante Julia, die auf der Bank arbeitet und keine Kinder hat, als auch unsere beste Freundin, die nicht mehr in den Beruf einsteigen will und am liebsten sechs Kinder hätte, gern haben, eröffnet Horizonte. Wir geben unserem Kind damit das Gefühl, daß verschiedenste Dinge richtig und normal sein können, und zeigen ihm Lebensentwürfe, an denen es sich orientieren kann.

Typisch weiblich, typisch männlich? –
Große Unterschiede, große Ähnlichkeiten

Wir müssen Jungen wie Mädchen helfen, damit die Unterschiede nicht zu Fallen werden, sondern zu einem Potential, das die Persönlichkeitsentwicklung unterstützt.

Diskutieren wir die Unterschiede zwischen Mädchen und Jungen also nicht weg. Keine Mutter, die einen Sohn und eine Tochter hat, wird ernstlich behaupten, sie seien absolut gleich. Jede Erzieherin beobachtet, daß sich Mädchen und Jungen auch dann in vielen Belangen unterscheiden, wenn sie frei von Rollenzwängen aufwachsen. **Es kann in der Erziehung nicht darum gehen, die Unterschiede zu ignorieren. Wir müssen vielmehr mit ihnen arbeiten, uns ihrer bewußt werden.**

Mädchen und Jungs sind nicht gleich, weder was die Psyche, den Körperbau noch die hormonellen Vorgänge angeht. Aber sie sind sehr ähnlich! Ihre Bedürfnisse nach Liebe, nach Freundschaft, ihre Freude am Spielen und die Neugier aufs Leben sind ihnen gemeinsam. Sie haben Ängste und Sorgen, sind manchmal mutig, manchmal zaghaft. Und sie haben ein Recht darauf, in ihrem Wesen von den Erwachsenen erkannt und bestärkt zu werden. „Zurechtgebogene" Jungs oder Mädchen können nicht mehr offen und selbstbewußt in die Welt schauen.

Es ist noch gar nicht so lange her, da kursierte in der Geschichte der Kindererziehung der revolutionäre Gedanke, Mädchen und Jungen seien von ihrer Psyche her absolut identisch. Die Unterschiede seien ein Ergebnis der Erziehung. Um dem entgegenzuwirken, verbannte man Puppen aus Mädchenzimmern und ersetzte sie durch Autos. Jungen wurden dazu angehalten, die Vorzüge von Kochgeschirr und Puppenhäusern kennenzulernen. Heute aber wissen wir, daß es durchaus wesentliche Unterschiede in der weiblichen und männlichen Psychologie gibt, die wir schon an Kindern beobachten können.

Einer dieser großen Unterschiede, der vor allem im Sozialverhalten eine Rolle spielt, ist die Fähigkeit, Spannungen zu binden. Mädchen neigen im Konfliktfall und auch bei anderen Problemen eher dazu, die Belastung in sich zu tragen und zu verarbeiten. Jungs hingegen leben die Belastung nach außen hin aus. Daher also die häufige Beobachtung, daß Mädchen im Konfliktfall still und traurig werden, Jungs hingegen eher toben und schlagen.

Können wir uns nun zurücklehnen und sagen: „So ist es nun mal, Mädchen ertragen mehr, Jungs müssen sich eben austoben"? Nein, denn damit werden wir beiden nicht gerecht. Erstens sollen auch Mädchen erfahren, wie gut es tut, Spannungen auszuleben. Und zweitens sollen Jungen lernen, einen Konflikt konstruktiv zu verarbeiten. Denn im Extremfall führen diese unterschiedlichen Veranlagungen zu einem besorgniserregenden Sozialverhalten, zu totaler Konfliktunfähigkeit in Form von Rückzug oder Schlägertum. Mit folgenden Spielen können Kinder erfahren, wie es sich anfühlt, Spannungen zu binden oder loszulassen.

„Musik, bitte!"

Alter: ab 4 Jahren
Teilnehmer: mehrere Kinder
Material: ein Kassetten- oder CD-Gerät,
Musikkassetten oder CDs

Die Möbel werden weggeräumt, damit
genug Bewegungsspielraum vorhanden
ist. Ein größeres Kind oder ein Erwachsener darf Discjockey spielen und das
Gerät bedienen. Der Discjockey stellt die
Musik zunächst ganz leise. Die Kinder
dürfen tanzen, müssen aber versuchen,
mucksmäuschenstill zu sein, damit sie die
Musik noch immer hören können. Ohne
Vorwarnung dreht der Discjockey die
Musik plötzlich sehr laut. Jetzt versuchen
alle, die Musik zu übertönen: Die Kinder
dürfen nach Herzenslust schreien und
krakeelen. Aber Achtung! Nach kurzer
Zeit dreht der Discjockey die Musik wieder leise. Wer das nicht merkt und weiter
brüllt, muß eine Runde aussetzen.
Es versteht sich von selbst, daß Sie für
dieses Spiel einen Ort brauchen, an dem
Sie ungehindert laut sein können. Falls
Sie diese Möglichkeit in Ihrer Wohnung
nicht haben, dann tun Sie sich mit einer
Mutter zusammen, in deren Haus oder
Wohnung Radau kein Problem ist. Sie
können das Spiel natürlich auch ins Freie
verlegen.

Expedition

Alter: ab 5 Jahren
Teilnehmer: mehrere Kinder
Material: Taschenlampe, Fernrohr, Ruck-
sack

Bei diesem Spiel geht es darum, daß Jungen ihr Einzelkämpfertum überwinden
und Mädchen lernen, im entscheidenden
Moment aktiv zu werden.
Alle Jungen verstecken sich gemeinsam –
am besten im Garten oder auf dem Spielplatz – an einem Ort. Die Mädchen star-
ten mit Taschenlampe, Fernrohr etc. eine
Expedition, auf der sie seltene Tiere (die
Jungs) fangen wollen. Sie gehen auf die
Suche und schleichen sich an. Die Jungs
versuchen derweil natürlich, nicht entdeckt zu werden. Wenn es allen „Tieren"
zusammen gelingt, den heiligen Berg (ein
Ort, den Sie vorher festgelegt haben) zu
erreichen, ohne von den Teilnehmerinnen
der Expedition entdeckt zu werden, haben sie gewonnen. Fangen die Mädchen
jedoch nur einen von
ihnen, dann sind
sie die Gewin-
nerinnen.

Von Ansichten und Traditionen –
Was wir unseren Kindern vermitteln

In früheren Zeiten wurde in der Erziehung noch kräftig und nicht selten mit Gewalt zurechtgebogen und geformt, selbstverständlich nach den jeweils herrschenden Vorstellungen der Erwachsenen. Aber auch heute sind wir als Eltern nicht frei davon, unsere Kinder formen zu wollen. Zwar sind diese Vorstellungen im Unterschied zu früher heute individueller, das macht sie aber nicht unbedingt harmloser. Wer eine sensible Künstlerin zur Tochter haben möchte und sein bodenständiges, handwerklich begabtes Kind mit Ballett quält, erzieht nicht einfühlsamer als die Eltern des letzten Jahrhunderts.

Im Gegensatz zu früher sind heute andere Rollenmuster entstanden, denken wir nur an die „Emanze" oder den „Softie" und die damit verbundenen Hoffnungen oder Befürchtungen. Für manche Eltern ist es erstrebenswert, die Tochter zu einer emanzipierten jungen Frau heranwachsen zu sehen. Anderen graut bei der Vorstellung, aus ihrem Kind könnte eine Emanze werden. Die einen haben eine Tochter, die nun mal am liebsten mit Puppen spielt und glücklich ist, wenn sie mit anderen Mädchen „Mutter und Vater" spielen kann. Andere haben einen „halben Jungen" zur Tochter, die mit Kleidchen und Puppenhäusern nichts anzufangen weiß und lieber Indianer spielt. All das bedeutet eine Herausforderung für die Eltern: **Es heißt Abschied nehmen von den eigenen Idealvorstellungen zugunsten einer wesensgerechten Erziehung des Kindes.**

Das ist oft nicht leicht, denn Rollenvorstellungen sind tief in uns allen verwurzelt. Wir finden die Klischees nicht nur in der Tradition, sie verstecken sich durchaus auch in modernen Ansichten und Weltanschauungen. Deshalb ist es wichtig, daß wir uns als Eltern auch darüber im klaren sind, welchem Rollenbild wir als Frauen und Männer entsprechen wollen und daß wir dies gegenüber unseren Kindern deutlich abgrenzen können. So läßt sich vermeiden, daß wir ihnen unser eigenes Rollenbild offen oder unbewußt aufzwingen.

Dabei geht es keinesfalls darum, plötzlich in eine andere Rolle zu schlüpfen, um dem Kind gerecht zu werden. Wer als Vater eher dem Pioniergeist entspricht, gerne anpackt und optimistisch durchs Leben schreitet, der soll nicht auf einmal zurückhaltender oder stiller werden. Er soll vielmehr lernen zu verstehen, daß er so ist, sein Sohn oder seine Tochter möglicherweise aber ein ganz anderes Wesen hat und beide absolut in Ordnung sind.

Folgende Fragen sollten Sie sich hin und wieder stellen. Sie tragen dazu bei, Ihr Kind und sich selbst immer besser kennenzulernen, sich selbst und dem Kind immer mehr gerecht zu werden. Beantworten Sie die Fragen selbstkritisch und ehrlich. Oft nehmen wir unsere Kinder nicht speziell als Mädchen oder Jungen wahr, und doch legen wir in ihnen schon vieles an, was sie später als Frauen und Männer ausmacht.

Rollenverständnis – Fragen, die sich Eltern stellen sollten

Wer bin ich als Frau, als Mann?
Welchem Typ entspreche ich?
Was davon möchte ich meinem Kind vermitteln? Was davon entspricht ihm auch?
Was gehört zu meiner Idealvorstellung, nicht aber zu dem, was meinem Kind entspricht?
Wie sehe ich meine Tochter/meinen Sohn, wenn ich sie/ihn mir als 25jährige/n vorstelle?
Wie stark ist dieses Bild, sehe ich es deutlich oder eher blaß?
Kann ich mir mein Kind auch ganz anders vorstellen? Fällt mir das schwer?

Auffälliges Sozialverhalten kann bei Kindern der Ausdruck eines Unwohlseins sein, das im weiteren Sinne mit Rollenverständnis zu tun hat. Sie werden in ihrem Verhalten in der Gruppe unsicher, wenn sie das Gefühl haben, mit ihnen stimme etwas nicht. **Wenn wir von Kindern ein Rollenverhalten verlangen – und sei es nur unterschwellig –, das ihrem Wesen nicht entspricht, werden sie dies auf Dauer mit einem auffälligen Verhalten quittieren.** Wenn Sie bei Ihrem Kind solche Auffälligkeiten beobachten oder über eine Erzieherin damit konfrontiert werden, dann fragen Sie sich immer auch, ob das beanstandete Verhalten im Zusammenhang mit seiner Rolle als Junge oder Mädchen stehen könnte:

❍ Wirkt meine Tochter zu draufgängerisch oder wild, weil man das von einem Mädchen nicht erwartet, oder ist ihr Verhalten wirklich sozial auffällig?

❍ Nehme ich den Hinweis, meine Tochter sei auffällig zurückhaltend, wirklich ernst, oder sagt meine innere Stimme, das sei für ein Mädchen doch normal?

❍ Wirkt mein Sohn zu ängstlich, weil man diese Eigenschaft nicht mit Jungen verbindet, oder ist seine Zurückhaltung ein Zeichen für ein Problem?

❍ Nehme ich den Hinweis, mein Sohn sei zu wild, ernst, oder empfinde ich das als ganz normal für einen Jungen?

❍ Erwarte ich von meinem Kind ein Verhalten, das meinen Rollenvorstellungen entspricht, oder darf es sich so geben, wie es sich fühlt?

Niemand ist völlig frei davon, seinen Kindern ein Stück weit auch ein Rollenbild zu vermitteln. Solange dieses Rollenbild nicht als das einzig richtige verstanden und an die Kinder weitergegeben wird, ist es sogar wichtig und eine Orientierungshilfe für das Kind.

Auch Kinder wollen ihr Umfeld einordnen. Sie wollen wissen, wie die Menschen sind, was sie mögen und was ihnen wichtig ist. Sie spüren deutlich, wenn jemand ihnen etwas vormacht. Vertrauen entwickeln sie den Menschen gegenüber, die sie einschätzen können. Kleine Kinder tun das noch sehr unbewußt. Deshalb ist es für sie durchaus wohltuend, wenn wir als Eltern auch vor den Kindern unsere selbst gewählte Rolle als Frauen oder Männer leben. Doch eines muß uns immer bewußt sein: Kinder sollen die Möglichkeit haben zu wählen und nicht in eine Rolle eingepaßt werden.

Von einer, die auszog, das Fürchten zu lernen – Märchen mal anders

Eine Quelle der Bildung von Rollenvorstellungen sind die Geschichten, die wir unseren Kindern erzählen. Besonders beliebt sind die altbekannten Grimmschen Märchen. Die Sammlung von Volksmärchen stellt sicherlich einen unschätzbaren Schatz an Weisheiten dar. Sie entstammen jedoch einer Zeit, als die Rollenverteilung noch unangetastet traditionell war. So sind in vielen dieser Märchen die weiblichen Rollen darauf beschränkt, eher passiv und empfangend auf etwas zu warten oder sich durch fleißige Hausarbeit für das Glück in Form eines Prinzen oder von

Gold zu qualifizieren. In den meisten Märchen besteht das Happy-End aus einer Heirat mit einem reichen, mächtigen Mann. Der Prinz erwählt sich sein Schneewittchen, Dornröschen, Aschenputtel und wie sie alle heißen. Die jungen Frauen scheinen nie etwas gegen diesen jungen Mann zu haben. Sie wählen nicht, sondern werden erwählt. In diesem Sinne sind sie natürlich nicht das, was wir uns heute unter einer selbständigen Frau vorstellen, für die das höchste Glück noch andere Gesichter haben kann.

Jungen erscheinen in diesen Märchen dagegen nie als zaghafte, vorsichtige oder sensible Wesen. Sie sind durchwegs mutig, tapfer oder sehr schlau. Sie kämpfen gegen Hexen und Drachen, gegen Riesen und Gespenster, ohne jemals Angst zu empfinden, zu weinen oder davonzulaufen. Durch ihren Mut erringen sie die schönen Prinzessinnen und meist eine hohe Stellung, auch diese dargestellt als das höchste Glück. Kämpfen und siegen heißt die Parole, was durchaus nicht jedermanns Sache ist. Denn nicht nur aus Draufgängern werden einmal richtige Männer, sondern auch aus vorsichtigen, sensiblen und zurückhaltenden Jungen.

Aus Dornröschen wird der Rosenprinz

In Märchen wird oft mit sogenannten archetypischen Bildern gearbeitet, das heißt, die Figuren stehen immer für verschiedene Anteile einer Psyche. Die männlichen wie auch die weiblichen Figuren stellen verschiedene Seiten des Menschen dar.

Sie sind also nicht nur als tatsächliche, individuelle Personen zu verstehen, sondern als Teile einer einzigen Person.

So gesehen sind diese Geschichten auch nicht „politisch unkorrekt", und sie sind wertvoll, weil sie Geschichten über Persönlichkeitsentwicklungen verschlüsselt erzählen. Trotzdem beobachten wir als Eltern, daß sich Töchter eher mit den weiblichen Figuren identifizieren, Söhne eher mit den männlichen.

Welches Mädchen hat nicht schon mit seinen Freundinnen das Märchen vom Aschenputtel nachgespielt, und keine wollte den Prinzen darstellen. Jungs spielen meist gar nicht das ganze Märchen durch, sondern lassen sich von den geschilderten Kämpfen inspirieren: Sie spielen Drachenkampf oder Ritterturnier, und zwar losgelöst vom Kontext des Märchens. Daran wird deutlich, daß diese Geschichten von den Kindern eben nicht nur auf der tiefen, archetypischen Ebene verstanden werden. Sie begreifen sie zu einem großen und sichtbaren Teil als Erzählungen, die sie auffordern, sich mit einzelnen Figuren zu identifizieren. Deshalb ist es wichtig, daß die Geschichten, die wir ihnen erzählen, immer wieder auch andere Rollenvorschläge enthalten als die erwähnten, eher traditionellen. Vielleicht sind Sie eine begabte Geschichtenerfinderin. Dann wird es Ihnen leicht fallen, Ihrem Kind Geschichten zu erzählen, die von kämpferischen Mädchen und zurückhaltenden Jungen handeln. Versuchen Sie es zuerst mit einem bekannten Märchen, das sie abwandeln, indem Sie die weiblichen und männlichen Rollen vertauschen. Da zieht dann eben ein Mädchen aus, das Fürchten zu lernen, nicht ein Junge. Aus Dornröschen wird der Rosenprinz, aus Aschenputtel ein Hausknecht. Ihrer Phantasie sind keine Grenzen gesetzt. Es ist erstaunlich, wie sehr sich die Märchen dann verändern. Lassen Sie sich überraschen.

In der Geschichte auf den folgenden Seiten wird das traditionelle Märchenmuster vom klugen Bauernjungen, der eine Prinzessin erlöst, mit vertauschten Rollen erzählt. Mädchen können sich darin einmal mit der aktiven Person identifizieren, während in den herkömmlichen Märchen die weiblichen Figuren meist eine passive Rolle einnehmen. Für Jungen ergibt sich ein neues Bild davon, was Mädchen auch sein können, gerade wenn sie dazu neigen, in diesen eher die ängstlichen, doofen „Weiber" zu sehen.

Tip

Das Kinderbuchangebot in Buchhandlungen und Bibliotheken ist riesig und manchmal auch für die Buchhändler und Buchhändlerinnen unüberschaubar. Mit konkreten Hinweisen bezüglich Altersgruppe und gewünschten Elementen (zum Beispiel eine mutige Prinzessin oder ein ängstlicher Junge, der gerade durch seine Vorsicht zum Helden wird) findet sich aber eine Vielzahl an Kinderbüchern, die dem traditionellen Rollenbild entgegenwirkt.

Sidonie und die Gespenster:
ein Märchen

Es war einmal vor langer Zeit ein König und eine Königin. Die hatten einen Sohn, der später einmal König werden sollte. Prinz Friedrich hatte jedoch eine eigentümliche Krankheit: Er wurde immer blasser und dünner, schlief beim Essen am Tisch ein und konnte sich bald kaum mehr auf den Beinen halten. Die besten Ärzte des Landes wurden ins Schloß gerufen, um herauszufinden, was ihm fehlte. Sie stellten dem Prinzen alle möglichen Fragen, untersuchten ihn von Kopf bis Fuß und gaben ihm alle möglichen Heilmittel.

Doch nichts half. Friedrich wurde schwächer und schwächer. In seiner Verzweiflung ließ der König im Lande verkünden, daß jener, der seinen Sohn heilen könne, die Hälfte seines Reiches bekomme und dazu eine ganze Truhe voller Gold.

Davon hörte auch ein Bauernmädchen namens Sidonie. Sie lebte mit ihren bitterarmen Eltern in einem kleinen Dorf. Sidonie mußte Tag für Tag auf dem Feld arbeiten, bis sie fast nicht mehr stehen konnte. Während der Arbeit träumte sie immer davon, etwas Besonderes zu erleben. Sie stellte sich vor, wie es wäre, wenn sie einen Schatz finden würde und sich und ihren Eltern ein angenehmeres Leben schenken könnte.

In der Nacht, nachdem sie von dem kranken Prinzen gehört hatte, träumte sie von einer Fee, die zu ihr sagte: „Der Schatz ist in dir. Geh und erlöse den Prinzen." Am nächsten Morgen packte sie ein Brot und einen Apfel in ein Tuch und verabschiedete sich von ihren Eltern mit den Worten: „Ich gehe und erlöse den Prinzen. Seid nicht traurig, ich komme bald zurück." Die Eltern verstanden die Welt nicht mehr. Sidonie aber machte sich mutig auf den Weg, obwohl sie keine Ahnung hatte, wie sie den Prinzen erlösen könnte.

Im Schloß angekommen, ließ man sie unter Gelächter zum König und zur Königin vor. Die Wächter riefen: „Seht her! Dieses dumme Bauernmädchen will den Prinzen erlösen. Da lachen ja die Hühner!" Das Königspaar jedoch war freundlich zu Sidonie und fragte: „Wie willst du Prinz Friedrich denn heilen?" Sidonie antwortete: „Ich trage einen Schatz in mir, der wird mir helfen. Laßt mich nur eine Nacht beim Prinzen schlafen. Dann werde ich wissen, was ihm fehlt und wie man ihm helfen kann." So wurde ihr ein Strohlager im Gemach des Prinzen bereitet, und als die Nacht kam, legte sich Sidonie darauf und wartete, was passieren würde.

Der Prinz faßte Vertrauen zu dem Mädchen und sagte: „Du solltest nicht hier bleiben. Du bist ein so schönes und liebes Kind, die Gespenster werden dich zu Tode erschrecken. Geh lieber wieder nach Hause." „Gespenster?" fragte Sidonie. „Ach was, ich fürchte mich nicht vor ihnen. Sind sie es, die dich krank machen?" „Ja", sagte der Prinz, „sie kommen jede Nacht und rauben mir den Schlaf. Den Ärzten habe ich es nicht gesagt, die hätten mich nur ausgelacht." „Warte nur", sagte Sidonie. „Gemeinsam werden wir sie schon vertreiben."

Auf einmal hörten sie ein Knarren und Knirschen. „Da!" rief der Prinz, „sie kommen!" Sidonie beruhigte ihn: „Das ist doch nur eine Tür, die geölt werden muß. Der Nachtwächter hat sie wohl aufgemacht." Kurz darauf fuhr der Prinz wieder aus seinem Bett auf und flüsterte: „Aber jetzt, da sind sie, hörst du das Heulen und Jaulen?" „Prinz Friedrich, das ist doch nur Euer Hund, der den Mond anheult", beruhigte ihn Sidonie. „Jetzt sind sie aber im Zimmer, hörst du, wie es raschelt und trappelt ganz nah bei meinem Bett?" fragte der Prinz. „Ach, guter Friedrich, das ist das Mäuschen, das sich über die Reste eures Krankenmahles hermacht!" Auf einmal hörten beide ein Pfeifen und Heulen und dann einen lauten Knall. Der Prinz war außer sich. „Glaubst du mir jetzt!" rief er. „Verzeiht, Prinz Friedrich, aber das ist der Wind, der um den Turm pfeift und einen losen Fensterladen zugeknallt hat."

Inzwischen war es fast Morgen geworden, und der Prinz war erschöpft eingeschlafen. Sidonie ging zum Königspaar und sagte: „Eure Türen müssen geölt, der Hund nachts eingesperrt, eine Mausefalle in des Prinzen Zimmer aufgestellt und der Fensterladen am Turm geflickt werden. Dann wird Prinz Friedrich wieder schlafen können und gesund werden." König und Königin waren überglücklich, und Sidonie kehrte mit zwei Schätzen nach Hause zurück: dem Wissen darum, wie klug und mutig sie war, und einer Truhe voller Gold, die ihr und ihren Eltern ein Leben in Wohlstand und Glück sicherte.

Die Ruhe nach dem Sturm – Auf Spannung folgt Entspannung

Der vierjährige Arne geht zweimal die Woche, wenn Mama ins Büro muß, in den Hort. An diesen Tagen ist Arne abends meist müde vom Spielen. Sein Plappermäulchen aber steht nicht still, schließlich gibt es immer so viel zu erzählen von den anderen Kindern, besonders von seiner Freundin Julia.

Heute holt ihn Hanna, seine Mutter, mit dem Auto ab. Arne ist auffallend still. Hanna läßt Arne erst einmal in Ruhe. Als sie ein Weilchen gefahren sind, fragt sie: „Na, wie war's denn heute? Was habt ihr denn gespielt?"

„Gar nichts", lautet die kurze Antwort. Hanna spürt, daß Arne noch nicht offen aussprechen kann, was ihn offensichtlich bedrückt. Deshalb möchte sie mit weiteren Fragen warten, bis beide zu Hause sind.

Daheim angekommen, geht Hanna in die Küche und fragt Arne, ob er sich zu ihr setzen will. Wenn er mag, darf er beim Zubereiten des Salats helfen. Das liebt Arne, weil er dann mit dem Messer arbeiten darf, was sonst verboten ist. Arne bearbeitet die Salatblätter ziemlich intensiv. Hanna bemerkt das, aber sie läßt ihn und fragt ganz beiläufig nach Julia. „Die ist nicht mehr meine Freundin! Die ist so doof, Mama. Sie will nur noch mit der blöden Anna spielen. Immer haben sie mich ausgelacht, und ich hab sie gehauen. Dann hat Frau Wimmer mit mir geschimpft, und ich sollte mich entschuldigen. Das wollte ich aber gar nicht und ..."

Das Stichwort „Julia" hat den kleinen Arne zum Reden gebracht, und nun sprudelt sein ganzer Kummer wie ein Wasserfall aus ihm heraus. Hanna nimmt ihn auf den Arm, versucht ihn zu trösten und ihm zu erklären, daß er Julia nicht mit Hauen dazu bringt, wieder mit ihm zu spielen. „Laß sie in Ruhe, Arne, sie wird von selbst wieder kommen und mit dir spielen", rät sie ihm.

Kleine Streitereien sind schnell vergessen. Konflikterlebnisse wie das von Arne aber belasten die Seele, ermüden und sind nicht so schnell aus der Welt zu schaffen. Enttäuschung, Wut und Traurigkeit vermischen sich zu einem wilden Durcheinander, das in der Seele rumort, das hilflos und müde macht.

Ein Konflikt kann lange nachwirken, und wir alle wissen, daß es manchmal schwierig ist, einen Weg aus diesem Seelenaufruhr zu finden. Gerade Kinder brauchen dazu unsere Hilfe.

Schwere Konflikterlebnisse lassen sich vergleichen mit einem blockierten Verkehrssystem, wenn beispielsweise ein Stau auf der Autobahn Nebenstaus auf Ein- und Ausfahrten verursacht. Bei komplexen Konfliktsituationen, wie im Erlebnis von Arne, löst der Hauptstau „Enttäuschung" Nebenstaus wie „Wut", „Traurigkeit", vielleicht auch „Angst" aus. Wenn unser Kind offenkundig unter einem Konflikterlebnis leidet, macht sich bei uns Erwachsenen oft auch Hilflosigkeit breit. Wir ertragen den Kummer unseres Kindes nur schlecht, wollen es möglichst schnell wieder zufriedenstellen, ihm ein Lächeln entlocken, den Stau auflösen. Allzu schnell sind wir dann bereit, durch ein kleines Geschenk von den Sorgen abzulenken. Sicherlich würde auch Arne seinen Streit mit Julia für kurze Zeit vergessen, wenn er ein tolles Auto geschenkt bekäme. Dieses Vergessen wäre allerdings nur vorübergehend, der Stau nicht aufgelöst, sondern erträglich gemacht. Etwa so, als ob wir im Stau eine interessante Radiosendung hören, die uns von der Hilflosigkeit und dem Ärger ablenkt. Der Stau aber hat sich nicht aufgelöst. Er ist nur etwas in den Hintergrund des Bewußtseins gerückt. Auch Arnes Problem würde beim nächsten Wiedersehen mit Julia wieder aufflammen, vor allem, wenn Julia ihm noch nicht verziehen hat. **Mit materiellen Trostpflästerchen gewöhnen wir Kinder daran, Sorgen und** Kummer nicht zu verarbeiten, sondern zu übertönen. Sie lernen nicht, mit instabilen Seelenzuständen umzugehen.

Die beste Strategie: Geduld

Arnes Mutter macht es richtig. Sie läßt ihrem Kind erst einmal Zeit, weil sie weiß, daß eine Last auf der Seele nicht verschwindet, wenn man bohrt und drängt. Der Zeitpunkt für Worte wird schon kommen. Sie bleibt aufmerksam und versucht, ihn mit gelegentlichen Fragen an die Stelle zu begleiten, an der er reden kann. In den meisten Fällen gelingt diese Methode. Immer wieder nachzufragen, und zwar ohne zu drängen, gibt den Kindern das Gefühl, daß wir aufmerksam sind und wissen, daß etwas sie belastet. Gleichzeitig geben wir ihnen damit die Freiheit, das Geheimnis erst zu lüften, wenn sie es wollen. **Die Bereitschaft, sich in die Seele sehen zu lassen, ist die Voraussetzung für ein erfolgreiches Nachbereiten von Konfliktsituationen.**

„Nachbereiten" von Konflikten – Aggressionsspannungen auflösen

Auch wenn das eigentliche Konflikterlebnis schon einige Zeit zurückliegt und der äußerlich wahrnehmbare Höhepunkt längst vorbei ist, wirkt es noch weiter. Die Anzeichen dafür sind bei jedem Kind anders: Manche ziehen sich zurück und schweigen, andere sind spürbar aggressiver, weinerlicher oder anhänglicher als sonst. Allen gemeinsam ist ein auffälliges Verhalten, das auf ein Unbehagen, eine Blockade hindeutet. Als Eltern sollten wir jetzt in erster Linie ruhig bleiben.

In der Ruhe liegt die Kraft!

○ Bilden Sie mit Ihrer Ruhe und Geduld einen Kontrapunkt zu dem Gefühlssturm, der in Ihrem Kind offenbar noch immer tobt, obwohl die eigentliche Konfliktsituation bereits vorbei ist.

○ Setzen Sie sich nicht selbst unter Druck mit dem Bedürfnis, die Sache möglichst schnell vom Tisch zu fegen, damit Ihr Kind wieder ganz „das Alte" ist.

Ruhe und Geduld sind die erste Form der Hilfestellung für ein Kind, das durch ein Konflikterlebnis blockiert ist. Wir geben dem Kind damit Raum, sich zu öffnen und uns anzuvertrauen.
Manchmal sitzt das Erlebte allerdings so tief, daß das Kind nicht von selbst soweit kommt, darüber zu reden. Wenn es sich bis zum Schlafengehen nicht öffnen konnte, dann braucht es eine weitere Form der Zuwendung. Es braucht eine Hilfe, die über den Körper zur Entspannung der Blockade führt. Am besten eignen sich hierzu liebevolle Massagen. Denn eine seelische Blockade führt nach einiger Zeit auch zu körperlicher Verspannung. Diese dann zu lösen, bedeutet auch immer eine Entlastung der Seele.

Eine „dufte" Massage

Alter: vom Kleinkind bis zu 12 Jahren
(Entscheidend ist, ob das Kind diese
Berührungen mag.)
Material: ein großes Badetuch,
Massageöl (In Bio-Läden oder speziali-
sierten Geschäften erhalten Sie fertige
Massageöl-Mischungen oder duftneutra-
le Öle, denen Sie selbst einen Duft beimi-
schen können. Lassen Sie sich beraten,
denn Kinder reagieren heftiger und zum
Teil anders als Erwachsene auf ätherische
Öle.)

Führen Sie die Massage beispielsweise
mit folgenden Worten ein: „Jetzt tu ich
dir mal was richtig Gutes, ich verwöhne
dich ein bißchen."
Versuchen Sie nicht, die Wirkung auf
intellektueller Ebene zu erklären, denn
das überfordert Kinder. Größeren Kindern können Sie erklären, daß Sie ein
Zaubermittel, das traurigen und wüten-
den Kindern hilft, kennen. Bleiben Sie
mit diesen Erklärungen aber immer auf
der Märchenebene.

Zunächst darf Ihr Kind richtig schön
warm baden, denn warmes Wasser allein
wirkt schon entspannend und harmoni-
sierend. Nach dem Abtrocknen legt sich
das Kind auf den Bauch, am besten im
Bett. Nun kann die Massage von der
Rückenmitte her beginnen.
Stellen Sie sich dabei folgendes vor: Mit
ruhigen, langsamen und zärtlichen Bewegungen arbeiten Sie sämtliche Dinge, die
Ihr Kind belasten, nach allen Seiten über
die Extremitäten heraus. Führen Sie die
Bewegungen also immer von der Mitte
des Rückens hinaus an die Ränder des
Körpers aus. Dazu brauchen Sie keine
Massagekenntnisse oder -techniken. Denn
das Streicheln und sanfte Kneten Ihrer
Hände wirkt entspannend für das Kind,
weil Sie ihm vertraut und zugetan sind.
Vielleicht schläft es unter Ihren Händen
ein, vielleicht will es nun auch reden.
Schläft es ein, so hilft ihm gerade der
Schlaf jetzt weiter. Die Worte kommen
möglicherweise erst am nächsten Tag
oder überhaupt nicht. Es spielt gar keine
Rolle, sofern das Verhalten des Kindes
wieder das vertraute ist.

„Am Meer": eine Traumreise

Traumreisen sind Massagen für die Seele. Wer sich auf sie einläßt, erfährt tiefe Entspannung. Folgende Traumreise hat – wie auch die Massage – zum Ziel, Verspannungen und Blockaden nach einem Konflikterlebnis aufzulösen. Lesen Sie die Traumreise zuerst für sich durch, damit sie Ihnen vertraut ist. So geraten Sie beim Vorlesen nicht ins Stocken und können die Traumreise eventuell auch mit Ihren eigenen Worten formulieren. Das Kind legt sich in bequemer Kleidung auf sein Bett, eine weiche Decke oder Matratze. Sprechen Sie langsam und ruhig, und machen Sie viele Pausen, damit Ihr Kind Zeit hat, sich auf die Worte einzulassen.

Wir gehen jetzt zusammen auf eine Reise. Leg dich ganz bequem auf den Rücken, schließe deine Augen ... Deine Füße sind müde und entspannt. Auch deine Beine sind froh, daß sie auf dem weichen Bett liegen und ausspannen dürfen ... Atme durch die Nase tief in deinen Bauch ein und durch den Mund wieder aus. Dein Bauch hebt und senkt sich von deinem Atem ... Deine Arme und Hände wollen nichts mehr tun, sie liegen schwer und faul an deinen Seiten. Öffne deine Hände, dann können sie noch viel besser ausspannen. Dein Kopf liegt schwer auf dem Kissen und genießt es, an einem so weichen und gemütlichen Ort zu sein.

Stell dir vor, du bist in deinem Zimmer. Alles sieht so aus, wie du es kennst. Schau dich um: Da hängen deine Bilder ... Dort steht dein Tisch mit den Buntstiften und das Regal mit den Spielsachen. Aber dort in der Wand, da siehst du eine kleine goldene Tür, die vorher nicht da war. Du bist neugierig, gehst hin und öffnest sie. Dahinter siehst du einen Pfad zwischen blühenden Büschen ...

Du schlüpfst durch die Tür und gehst auf dem Pfad langsam weiter. Dabei schaust du dir die Büsche an ... Sie gehören zu einem Zaubergarten, der dir gehört ... Es ist früh am Morgen, die Blätter und Blüten sind ganz naß, es hat wohl gerade geregnet. Da und dort liegen sogar kleine Zweige auf dem Weg, die ein Sturmwind in der Nacht abgerissen hat. Du ahnst, daß es hier vor kurzem ein Gewitter mit Windböen und Regen gegeben hat, und die etwas zerzausten Büsche tun dir leid ... Du gehst weiter und sammelst die Zweige auf dem Weg ein ... Du willst, daß dein Garten wieder schön aussieht ... Am Himmel siehst du ein paar kleine Wolken, aber mehr und mehr kommt die Sonne hervor ...

Während du so auf dem Weg dahinschlenderst, hörst du auf einmal ein Rauschen. Du weißt, daß es vom Meer her kommt, denn dein Garten liegt an einem großen Meer ... Schon lichten sich die Büsche, und der Boden wird sandiger. Nach der nächsten Biegung des Pfades liegt das Meer nun vor dir. Du bleibst stehen und genießt den Anblick des weiten Strandes und des tiefblauen Meeres ... Der Sand ist noch feucht vom Gewitter ... Auf dem Meer kräuseln sich die Wellen und bilden weiße Schaumkronen. Der Sturm hat auch das Meer in Aufruhr gebracht. Es beruhigt sich aber schon wieder.

Du findest eine trockene Stelle im Sand und legst dich hin. Die Zweige, die du aufgesammelt hast, liegen neben dir ... Deine Füße spielen mit dem Sand, und du läßt ihn auch durch deine Finger rieseln. Das ist ein angenehmes Gefühl ... Die Sonne scheint warm auf deinen Bauch. Das tut dir gut, und du bedankst dich bei der Sonne dafür ... Die Wärme trocknet den Sand, und die Strahlen der Sonne erreichen jedes Blatt der Büsche, streicheln es und vertreiben die Nässe ...

Du hörst dem Meeresrauschen zu ... dem Geräusch der Wellen, die an den Strand rollen. Es ist ein gleichmäßiges Geräusch ... Das Rauschen schläfert dich ein ... Dir ist wohlig warm von der Sonne, und du döst ein bißchen vor dich hin ...

Das Zwitschern von Vögeln weckt dich wieder auf. Du siehst, daß die letzten Wolken verschwunden sind ... Der Himmel spannt sich tiefblau über dir wie ein riesiges Zelt. Du setzt dich auf und bemerkst, daß auch die weißen Schaumkronen weg sind. Das Meer liegt ganz ruhig vor dir, und die Sonnenstrahlen zaubern ein Glitzern auf seine Oberfläche. Du spürst, daß es Zeit für den Rückweg ist. Du möchtest die Zweige, die neben dir liegen, aufheben. Aber da ist ein kleines Wunder geschehen: Statt der zerzausten Zweige wächst neben dir ein kleiner Busch im Sand ... Er blüht wunderschön. Er bittet dich, auf ihn zu achten und immer wiederzukommen, da-

mit du nachsehen kannst, ob er genug Wasser hat. Dafür will er in deiner Lieblingsfarbe blühen, nur für dich. Du versprichst, immer an ihn zu denken und auch zu ihm zurückzukehren ... Du dankst ihm für dieses Geschenk ...

Du wendest dich wieder dem Pfad zu und gehst langsam zurück durch deinen Garten. Du siehst, daß die Spuren des Sturms verschwunden sind, und freust dich über die blühenden Büsche ... Du verabschiedest dich von deinem Garten und dem Meer. Dann gehst du zurück durch die kleine, goldene Tür und bist nun wieder in deinem Zimmer angelangt.

„Es tut mir leid" – Entschuldigen und verzeihen

Die fünfjährige Barbara ist mit ihrer Mutter bei Johanna zu Besuch. Die beiden Mädchen sind im selben Alter, und ihre Mütter sind gut befreundet. Während die Kinder im Garten spielen, unterhalten sich die Mütter angeregt. Auf einmal hören sie die beiden Mädchen streiten. Der Anlaß des Streits ist nicht mehr auszumachen, die zwei beschimpfen sich lautstark. Johanna brüllt Barbara an und nennt sie eine blöde Ziege. Barbara weint und gibt zurück: „Du dämliche Kuh!" Die Mütter bestehen darauf, daß sie sich beieinander entschuldigen. Weder Johanna noch Barbara sagen das Zauberwort „Entschuldigung". Erst als Barbaras Mutter droht, sofort mit ihr nach Hause zu fahren, kommt ein kaum hörbares „Tut mir leid" aus ihrem Mund. Johanna hingegen ist nicht dazu zu bringen. Ihre Mutter fordert sie auf, ins Kinderzimmer zu gehen und erst wieder herauszukommen, wenn sie sich entschuldigen will.

Um Entschuldigung zu bitten, ist manchmal gar nicht so einfach. Gerade dann, wenn der Streit heftig war und der Anlaß tief liegende Ursachen hatte, können wir nicht einfach „Verzeihung" sagen. Wir glauben, damit zu bekunden, daß die Angelegenheit nicht so wichtig ist.

Zugleich gibt es aber Situationen, in denen uns eine Entschuldigung leicht über die Lippen kommt. Wenn wir jemandem in der überfüllten U-Bahn auf die Füße treten, entschuldigen wir uns fast automatisch. Damit ist die Sache aus der Welt, und schließlich haben wir es nicht mit Absicht gemacht.

Mit Konfliktsituationen verhält sich das anders. Häufig fallen im Streit verletzende Bemerkungen. Zwar haben wir im Laufe unseres Lebens gelernt, daß wir in einer solchen Situation nicht jedes Wort auf die Goldwaage legen dürfen. Trotzdem haften kränkende Äußerungen im Bewußtsein. Ein „Es tut mir leid", das wirklich von Herzen kommt, mildert dann die Verletzung. Ist dieses aber nur um des lieben Friedens willen daher gesagt, dann hat es keinen Wert. Denn die Reue darüber, was im Konflikt gesagt oder getan wurde, stellt den Wert einer Entschuldigung dar. Ohne dieses Bedauern, ohne die Einsicht, den anderen verletzt zu haben, bleibt eine Entschuldigung hohl und sinnlos.

Barbara und Johanna waren beide noch nicht soweit, Reue über den Streit und die Beschimpfungen zu empfinden. Als ihre Mütter eingriffen, konnten sie noch kein anderes Gefühl als Groll und Zorn in sich spüren. Barbaras Mutter versuchte, diese Reue zu erzwingen, erreichte aber nur, daß der Höflichkeit Genüge getan war. Dies mag manchmal durchaus richtig sein, ersetzt Einsicht und Reue aber nicht.

Die Phase der Reue und der daraus entstehende Wille zur Wiedergutmachung gehören zur Nachbereitung des Konfliktes, nicht mitten hinein. Wenn wir unsere Kinder dazu erziehen, sofort – mitten in der Konfliktsituation – um Entschuldigung zu bitten, dann kann ein Gefühl der Reue nicht aufkommen. Kinder lernen so die Erleichterung einer wirklichen Versöhnung gar nicht kennen.

Einsicht und Rücksicht

Nur wenn wir eine Vorstellung davon haben, was in einem anderen Menschen vorgeht, können wir Reue empfinden. Nur dann bedauern wir einen Fehltritt oder eine Verletzung, die wir ihm physisch oder psychisch angetan haben. Kinder lernen diese Betrachtungsweise über Beispiele, Erlebnisse und Geschichten: Schläge tun weh – nicht nur mir, sondern auch den anderen. Böse Worte verletzen – nicht nur mich, sondern auch die anderen. Allerdings gelangen sie manchmal nur sehr schwer zu dieser Einsicht. Bis zum Alter von sieben Jahren steht für sie noch ganz ihr eigenes Befinden im Zentrum. Die Kinder stellen ihre Bedürfnisse in den Mittelpunkt, damit sie von ihrer Umwelt wahrgenommen werden.

Beim Baby ist das ganz deutlich zu beobachten: Hunger oder Unbehagen kann es nur durch lautes Schreien, das alles andere unwichtig erscheinen läßt, äußern. Würde es das nicht tun, dann wäre es ganz und gar darauf angewiesen, daß immer jemand an es denkt. Mit zunehmendem Alter soll das Kind dann ein Gefühl dafür entwickeln, daß es in einem System von Menschen lebt, die alle ein Recht auf ihre Bedürfnisse haben. Es soll lernen, Rücksicht auf das Befinden anderer zu nehmen.

Kinder unter sechs, sieben Jahren haben diese Rücksicht noch nicht völlig verinnerlicht. Deshalb reagieren sie beispielsweise oft sehr eifersüchtig, wenn kleine Geschwister ankommen. Mit Bosheit hat das nichts zu tun. Sie müssen vielmehr erst sicherstellen, daß den Eltern ihr Wohlbefinden noch immer genauso wichtig ist wie vor der Ankunft der kleinen Konkurrenz.

Kinder brauchen unsere Hilfe und unser Vorbild, um das Befinden ihrer Mitmenschen dem eigenen gleichzustellen.

Was glaubst du?

Es gibt viele Gelegenheiten, um mit Kindern ins Gespräch über das Befinden anderer zu kommen.

Erzählen Sie Ihrem Kind beispielsweise eine Geschichte, dann können Sie diese unterbrechen und fragen: „Was glaubst du, wie sich die Prinzessin jetzt fühlt, da sie ganz allein bei der Hexe ist?" Wenn Sie die Oma im Krankenhaus besucht haben, können Sie auf der Heimfahrt laut nachdenken: „Ich glaube, der Oma geht es nicht so gut im Krankenhaus. Ich denke, sie möchte lieber wieder nach Hause. Was meinst du?" Bei solchen Gelegenheiten lernt Ihr Kind, sich in andere Menschen einzufühlen und diese Fähigkeit bald selbstverständlich zu beherrschen.

„Wie mach ich's wieder gut?" – Aufeinander zugehen braucht Mut

Kinder können sich auf äußerst kreative Weise und ganz spontan entschuldigen. Erwachsene dürfen sie aber nicht dazu drängen, sondern allenfalls immer wieder darauf hinweisen, daß da noch etwas ansteht.

In der Ruhe liegt die Kraft!

○ Lassen Sie Ihr Kind den Streit aus seiner Sicht schildern. Ergreifen Sie nicht Partei!

○ Erzählen Sie Ihrem Kind, daß Sie traurig darüber sind, daß ein Streit stattgefunden hat. Sagen Sie ihm, daß Sie sich vorstellen können, wie schlecht es sich jetzt fühlt. Sprechen Sie die Gefühle Verletzung, Empörung und Wut an.

○ Fragen Sie, ob Ihr Kind nicht auch ein bißchen traurig über den Krach mit seiner Freundin oder seinem Freund ist.

○ Weiß es, wie sich die Freundin/der Freund jetzt fühlt? Wenn Ihr Kind keine Antwort darauf hat, dann stellen Sie die „Vermutung" an, daß das andere Kind auch ganz traurig und verletzt ist.

○ Fragen Sie danach, was Ihr Kind jetzt möchte. Will es sich wieder vertragen, anrufen und sich entschuldigen? Morgen ein Stück Schokolade für den Freund/die Freundin in den Kindergarten mitnehmen?

Wenn ein Streit vorüber ist, spüren Kinder erst einmal den eigenen Schmerz. Sie leiden unter den Verletzungen, die ihnen zugefügt wurden, auch wenn sie den Streit begonnen haben. Den anderen um Verzeihung zu bitten, ist aus ihrem Gefühl heraus jetzt absurd. Schließlich sind sie selbst noch immer verletzt oder beleidigt. Die Schuld suchen sie meist beim anderen. Denn sie wollten ja nur ihr Recht durchsetzen, ihr Bedürfnis anmelden oder ihren Gefühlen Ausdruck geben – was für sich gesehen kein Unrecht ist. Weswegen also eine Entschuldigung?

Wecken Sie in Ihrem Kind in einer solchen Situation das Bedürfnis, sich wieder zu vertragen.

Seien Sie nicht enttäuscht, wenn Ihr Kind nach einem Streit nicht sofort um Entschuldigung bittet. Es hat ein Gespür dafür, was in ihm vorgeht. Ein „Es tut mir leid" wäre für das Kind im Augenblick schon fast eine Lüge. Gehen Sie aber auch nicht einfach zur Tagesordnung über, begleiten Sie Ihr Kind vielmehr auf dem Weg zu echter Einsicht und Reue über das, was es gesagt oder getan hat. Erst dann kommt der nächste Schritt, der Schritt auf den anderen zu. Denn der braucht Mut und Überzeugung und kann nicht mit halbem Herzen getan werden.

Mut wird belohnt

Ihr Kind braucht Mut dazu, sich zu entschuldigen. Es muß sich einen Ruck geben, über seinen Schatten springen und auf jemand anderen, der ihm vielleicht immer noch grollt, zugehen. Auch wenn es im Unrecht ist und dies sogar einsieht – der Schritt auf den anderen zu ist deshalb nicht einfacher.

Wenn Ihr Kind den Mut findet, sich zu entschuldigen, vielleicht an Ihrer Hand, dann loben Sie es für diese Leistung! Vielleicht empfinden Sie es als Selbstverständlichkeit, daß man ein Unrecht zugibt und sich dafür entschuldigt. Aber sehen wir uns doch einmal um in der Welt. Längst nicht alle sind fähig zu einem solchen Handeln. Wenn Ihr Kind es tut, dann handelt es vorbildlich und soll erleben, daß dies auch geschätzt wird.

Welche Entschuldigungen kennt Ihr Kind?

Es gibt viele verschiedene Situationen, die eine Entschuldigung erfordern. Manche sind harmlos, manche ernster Natur. Und genauso verhält es sich mit der dazugehörigen Entschuldigung. Zuweilen ist sie ein Gebot der Höflichkeit, manchmal verbunden mit tiefen Gefühlen. Diese Unterschiede spüren auch Kinder.

Versuchen Sie, die unterschiedlichen Situationen und Entschuldigungen mit Ihrem Kind aufzuspüren: Fragen Sie Ihr Kind, wann es schon einmal „Entschuldigung" gesagt hat. Warum hat es sich entschuldigt? Wie hat der andere reagiert? Benennen Sie dann die verschiedenen Arten der Entschuldigung: Vielleicht gibt es eine „Ich kann nichts dafür"-Entschuldigung, eine „Sei doch wieder lieb"-Entschuldigung oder eine „Das wollte ich nicht"-Entschuldigung. Mit Ihrem Kind zusammen werden Sie eigene Ausdrücke finden, und wenn die Situation es erfordert, können Sie darauf zurückgreifen. Suchen Sie beispielsweise beim nächsten umgekippten Glas gemeinsam nach der passenden Entschuldigung. Ist hier eine „Ich kann nichts dafür"-Entschuldigung oder eher eine „Tut mir leid, ich hab nicht aufgepaßt"-Entschuldigung erforderlich? Auf diese Weise entwickelt Ihr Kind ein Gespür für die verschiedenen Grade der Entschuldigung. Es erfährt, daß eine Entschuldigung der Situation angepaßt sein sollte.

Die mutige Prinzessin: ein Märchen

Der Mut, sich zu entschuldigen, aufeinander zuzugehen und damit auch Konflikte zu lösen – diese Geschichte illustriert, was damit gemeint ist. Hier ist eine kleines Mädchen sogar mutiger als die Erwachsenen. Selbstverständlich kann anstelle einer kleinen Prinzessin auch ein kleiner Prinz der Held dieses Märchens sein.

Es war einmal vor langer Zeit. Da lebte eine kleine Prinzessin mit ihren Eltern in einem schönen Land. Um dieses Königreich herum floß ein Bach, der die Grenze bildete. Nur ein einziger Berg auf der anderen Seite des Baches gehörte auch dazu. Der Vater der Prinzessin hatte ihn dem Nachbarkönig vor langer Zeit in einem Krieg weggenommen. Seither entbrannten immer wieder Kämpfe um diese Stelle. Die Eltern hatten kaum Zeit für die Prinzessin, weil sie ständig mit dem Streit um den Berg beschäftigt waren.

Eines Tages ließ der König ausrufen, daß er die mutigsten Krieger des Landes suche, um den Nachbarkönig und seine Soldaten ein für allemal zu schlagen. Dann würde wieder Friede in seinem Reich herrschen. Von überall her kamen starke und furchterregende Kämpfer zum Schloß, und der König stellte sein Heer zusammen.

Am Tag des Angriffs, als alle Soldaten mit ihren Pferden im Hof des Schlosses versammelt waren, erschien die kleine Prinzessin. Sie sagte: „Ich will mit euch kommen und ganz vorne an der Spitze reiten. Ihr müßt ein gutes Stück hinter mir bleiben!" Der König wollte das natürlich verbieten, und die Soldaten lachten über die kleine Prinzessin, die in den Krieg ziehen wollte. Doch sie ließ nicht locker und drohte, heimlich alleine zu reiten. Der König mußte also nachgeben, und die Prinzessin ritt an vorderster Stelle des Heeres.

Am Berg angekommen, gab die kleine Prinzessin ihrem Pferd die Sporen und verschwand – bevor irgend jemand eingreifen konnte – im Lager des Nachbarkönigs. Ihr Vater hatte große Angst um sie, doch er konnte das Lager nicht einfach angreifen. Schließlich könnte der Prinzessin dabei etwas passieren. Er mußte mit seinen Soldaten untätig warten. Sie harrten viele Stunden aus, aber sie kam lange nicht zurück.

Die Prinzessin saß währenddessen, bewacht von Soldaten, im Zelt des Nachbarkönigs und brachte ihr Anliegen vor. Ihr Herz klopfte ganz schnell vor Angst, und ihre Hände zitterten. Sie wußte aber, daß ihr Tun der einzige Weg zum Frieden zwischen beiden Ländern war. Der Nachbarkönig lachte sie zunächst aus, als er ihr zuhörte. Dann aber wurde er nachdenklicher und nach vielen Stunden willigte er in ihren Vorschlag ein.

Während die Prinzessin zu ihrem Vater zurückkehrte, begannen die Soldaten des Nachbarkönigs, ihr Lager abzubrechen und davonzuziehen. Ihr Vater und sein Heer wollten natürlich sofort wissen, was geschehen sei. Die Prinzessin setzte sich hin und begann zu erzählen: „Ich habe mich beim Nachbarkönig dafür entschuldigt, daß wir den Berg erobert haben. Schließlich hat er ihm einmal gehört. Es war falsch, ihn einfach für uns haben zu wollen. Ich habe ihm vorgeschlagen, daß wir den Berg teilen und den Krieg beenden. Zuerst wollte er das gar nicht. Er sagte, daß der Berg ihm gehöre und daß er ihn ganz zurück will – nicht bloß die Hälfte. ‚Dann herrscht aber weiter Krieg‘, habe ich geantwortet, ‚denn mein Vater wird auch nicht völlig auf den Berg verzichten.‘ Ich habe ihm gesagt, daß er im Krieg seine mutigsten und stärksten Ritter verliert, und daß er das doch sicher nicht will. Schließlich nützen ihm und seinem Land lebendige Ritter viel mehr. Tja, so habe ich ihn überzeugt, und hoffentlich siehst du das auch ein, Vater. Denn ich will später nicht Königin eines Landes werden, das ständig Krieg führt.“

Als die Prinzessin sprach, herrschte atemlose Stille unter den Soldaten. Ihr Vater blickte sie nachdenklich an. Dann stand er auf und verkündete: „Hiermit ernenne ich meine Tochter zum mutigsten Menschen meines Reichs. Denn sie hat den Krieg ohne Blutvergießen beendet. Mit ihrer Furchtlosigkeit hat sie den Starrsinn zweier Könige besiegt. Meine tapfere Tochter hatte den Mut, ein Unrecht zuzugeben und um Verzeihung zu bitten. Sie lebe hoch, hoch, hoch!“ Die Soldaten stimmten in die Lobeshymne ein, und das ganze Heer zog im Triumphzug zurück. Die Soldaten kehrten heim zu ihren Frauen und Kindern, die überglücklich darüber waren, sie gesund wiederzusehen.

Von diesem Tage an herrschte Frieden im Land, und bald dachte niemand mehr an den Berg auf der anderen Seite des Baches. Die kleine Prinzessin aber wurde seit dieser Zeit wegen ihrer Klugheit und Einsicht von allen verehrt. Bis sie alt und grau war, kamen die Leute von weit her und fragten sie um Rat.

„Der andere war schuld" – Zuhören, nicht richten

Häufig bekommen Eltern einen Streit nicht von Anfang bis Ende mit. Vielleicht hat er im Kindergarten oder beim Besuch eines anderen Kindes stattgefunden. Wir Erwachsene können dann schlecht erahnen, wer nun eigentlich angefangen hat und weswegen. Versuchen Sie es gar nicht, sondern gehen Sie auf das Gefühl Ihres Kindes ein. Wichtig ist nicht, ob Ihr Kind im Recht ist oder ein anderes. Denn in den allermeisten Fällen verletzen sich im Verlauf eines Konfliktes beide Parteien, von beiden Seiten geschieht Unrecht. Meist sind sich selbst die Kinder nach einer gewissen Zeit nicht mehr über den Auslöser des Konfliktes im klaren. Sie sind sich nicht mehr sicher, wer was getan oder gesagt hat.

Führen Sie also keine Gerichtsverhandlung mit Zeugenaussagen und Beweissuche. Das ist sinnlos und verlagert das Gewicht auf eine intellektuelle Analyse des Konfliktes. Diese Ebene ist aber für Kinder nicht nachvollziehbar und zielt völlig an dem vorbei, was sie nach einem Konflikt beschäftigt. Sofern der Streit nur unter den Kindern schwelte und kein Erwachsener eingegriffen hat, können Sie getrost vergessen, warum und wieso gestritten wurde. Das Kind soll die Möglichkeit haben, seine Sicht der Dinge zu schildern. Und dabei geht es nicht darum herauszufinden, wer Schuld hat.

Das Erzählen verschafft dem Kind Erleichterung, gibt ihm die Möglichkeit, das Ganze noch einmal in abgeschwächter Form zu durchleben, es sich von der Seele zu reden. Ihre Rolle dabei ist die des Zuhörers, nicht des Richters.

Partei zu ergreifen, steigert die Aggression. Damit das Kind Ihnen vertraut und Ihre Hilfe bei der Entspannung akzeptiert, muß es das Gefühl haben, daß Sie außerhalb des Konfliktes stehen. Wenn Sie sich zum Verbündeten machen, werden Sie zu einem Teil des Konfliktsystems und sind keine „neutrale" Instanz mehr.

Betrachten Sie die Erzählung des Kindes als einen Schritt hin zur Entspannung. Durch das Reden verraucht die Wut ein bißchen, und es gibt Platz für andere Gefühle wie Traurigkeit oder Bedauern über das Vorgefallene. Werden Sie an diesem Punkt aktiv, und versuchen Sie diese Gefühle – gemeinsam mit dem Kind – an die Oberfläche zu holen. Dann können Sie ihm helfen, es trösten und mit ihm einen Weg zur Versöhnung finden.

Tip

Die Schuldfrage hat nur dann keine große Bedeutung, wenn ein Kind bei Konflikten verschiedene Rollen einnimmt: einmal als Auslöser des Streites, einmal eher als Opfer. Wenn Sie aber den Eindruck gewinnen, daß Ihr Kind immer dieselbe Rolle innehat oder sich in ihr gefangen fühlt – ob als Täter oder als Opfer –, dann suchen Sie das Gespräch mit der Erzieherin.

Streit ist kein Hindernis

Die meisten Streitereien unter Kindern
sind nicht weltbewegend: Da geht es darum, was gespielt werden soll, oder es wird
um ein Spielzeug gestritten. Die Kinder
steigern sich in den Streit hinein, können
sich aber genauso schnell wieder abküh-
len und friedlich weiter spielen. Manchmal braucht es nur einen kleinen Anstoß
von außen, manchmal kommt er sogar
von einem der Kinder. Je mehr Wege Kinder kennen, um einen Streit zu beenden,
um so selbständiger – selbstkompetent
nennen es die Kinderpsychologen –
werden sie.

Aus dieser Selbstkompetenz wächst die
Fähigkeit, in der Gruppe zu bestehen und
sich zu integrieren. Das wiederum wird
als soziale Kompetenz bezeichnet. Alle
Eltern möchten, daß sich ihr Kind offen
und unbelastet in der Gruppe bewegen
kann. Und Streit ist dabei kein Hindernis.
Bei kleinen Streitereien üben Kinder viele
Fertigkeiten, die sie brauchen, um in der
Welt zurechtzukommen:

○ Durchsetzungsvermögen und die
   Fähigkeit, auch einmal zurückzu-
   stehen,
○ eigene Positionen finden, um auch von
   ihnen abweichen zu können,
○ argumentieren und Argumente anderer
   respektieren,
○ streiten und Streit beenden.

Ein Streit unter Kindern braucht nicht
immer einen Schuldigen. Das entspricht
auch gar nicht dem Bedürfnis der Kinder.

Häufig möchten sie sich einfach wieder
vertragen und gemeinsam weiter spielen.
Kinder lieben beispielsweise folgendes
Streitbeendigungsritual, das an das Vergraben des Kriegsbeils erinnert.

Wir begraben den Streit!

Lassen Sie die Kinder irgendeinen
Gegenstand, der sich im Raum oder in
der unmittelbaren Umgebung der spie-
lenden Kinder befindet, zum Symbol
des Streites ernennen. Das kann ein
Stein oder eine Feder sein,
wichtig ist nur, daß die
Kinder ihn bestim-
men. Die Kinder
sprechen nun im
Chor:

Dieser
Stein ist un-
ser Streit,
jetzt sind wir dazu bereit,
ihn zu vergessen, zu begraben,
wir wollen wieder spielen,
uns wieder vertragen!

Dann wird der Gegenstand, das
„Kriegsbeil", in der Erde vergraben,
unter einen Schrank gelegt oder unter
Tüchern versteckt. Am meisten Spaß
macht natürlich das Vergraben im
Garten oder Park.

Was wäre, wenn ...

Alter: ab 4 Jahren
Teilnehmer: 2-6 Kinder
Material: Spielfiguren in verschiedenen Farben

Bei diesem Spiel können Kinder entdecken, wie es sich für alle Beteiligten anfühlt, Streit zu haben und verletzt zu werden. Die Geschichte der mutigen Prinzessin kann als Einleitung zum Spiel dienen. Die Kinder können nun ihre Ideen zur Beendigung eines Streites und zur Versöhnung der Streitparteien einbringen. Gewinnen kann nur, wer es mit Hilfe der anderen schafft, sich wieder zu vertragen.

Jedes Kind erhält eine Spielfigur. Jede Farbe sollte nur einmal vertreten sein. Dann wird bestimmt, welche Farben Streit hatten, zum Beispiel „Grün hat sich mit Rot gestritten", „Blau hatte Krach mit Gelb" und „Violett hatte Streit mit Orange". Jede Zweiergruppe erfindet nun einen Grund für den Streit, und spielt ihn durch.

Anschließend überlegen alle Kinder gemeinsam:
„Was wäre, wenn Rot zu Grün am Ende des Streits sagen würde: Mit dir red ich nicht mehr?"

„Was wäre, wenn Grün auf Rot einprügelte?"
Die Kinder überlegen, ob der Streit mit Rückzug oder Prügeln beendet wäre. Zusammen suchen sie nach anderen Lösungsmöglichkeiten. Wenn nur zwei Kinder spielen, stellt das eine die Frage, das andere gibt die Antwort. Die Aufgabe besteht darin, gemeinsam einen Weg zu finden, sich wieder zu vertragen. Das Spiel dauert so lange, bis alle der Meinung sind, der Streit sei beendet. Dann vertragen sich die beiden Farben wieder.

Streitbilder und Versöhnungsbilder

Gerade kleine Kinder können sich oft besser durch Bilder als durch Worte ausdrücken. Am Ende eines „konfliktgeladenen" Tages können Bilder bei der Verarbeitung helfen.
Lassen Sie Ihr Kind ein Bild von sich und den anderen am Konflikt Beteiligten malen und kommentieren. Anschließend soll es ein Bild davon malen, wie die Sache aussieht, wenn sie sich wieder vertragen. Vor dem Schlafengehen befestigen sie dieses zweite Bild so über dem Bett, daß es für das Kind sichtbar ist. Es soll als eine Art Wegweiser „Dort will ich hin" dienen. „Das ist der Zustand, den ich wiederhaben möchte".
Solche Bilder helfen, Worte zu finden. Ihr Kind kann mit Ihnen gemeinsam überlegen, wie es sich wieder vertragen, dem anderen verzeihen oder sich entschuldigen kann.

Kinder sind keine „psychologischen Fälle"

Es wäre nicht angemessen, aus jedem Konflikt unter Kindern eine Riesensache zu machen. Wenn ein Streit oder Konflikt ein Kind über die Maßen belastet, so wird dies meist erst einige Zeit nach dem Ereignis deutlich. Das Kind verhält sich auffällig und hat offenkundig an etwas zu knabbern. Dann ist es immer noch früh genug für Gespräche, Entspannungsübungen, Geschichten oder eine Entschuldigung, die ihm helfen, den Konflikt zu verarbeiten. **Die allermeisten Streitereien, das soll zum Schluß noch einmal betont werden, sind normale, zur Entwicklung der Kinder gehörende Übungsfelder, die unser Eingreifen nur am Rande erfordern.** Als Eltern sollten wir zwar gut beobachten, wie sich unsere Kinder im Streitfall verhalten. Wir sollten aber auch darauf vertrauen, daß sie mit unserer Hilfe, der Hilfe von Erzieherinnen, Lehrerinnen und anderen Kindern zu einem angemessenen Konfliktverhalten finden können.

In der heutigen Zeit wird in bezug auf Erziehung viel von Psychologie gesprochen. Das ist auch richtig so. Alle, die mit Kindern zu tun haben, bemühen sich darum, sie zu verstehen und dementsprechend zu handeln. Oft verunsichern uns aber auch all die Fachausdrücke, zu denen Psychologen und Erzieherinnen greifen, wenn es um Verhaltensauffälligkeiten geht. Unser Kind ist plötzlich nicht mehr Lisa oder Johannes, sondern ein typischer Fall von Konfliktscheu oder Integrationsschwäche.

Damit werden wir dem Kind nicht gerecht. Es ist noch immer Lisa oder Johannes, auch wenn es jetzt gerade Mühe hat, einen bestimmten Entwicklungsschritt zu bewältigen. Es hat seine Gründe, seine individuellen Ursachen für diese Schwierigkeiten. Deshalb braucht es die Unterstützung seiner Eltern, die diesen Gründen auf die Spur kommen können – weil sie seine Geschichte kennen wie niemand anderer sonst. Patentrezepte oder ein Vorgehen nach Lehrbuch gibt es da nicht. Was hier zählt, ist vielmehr die liebevolle, aufmerksame Begleitung, die Unterstützung durch das Umfeld von Lisa oder Johannes, deren Individualität immer im Mittelpunkt stehen muß.

Nachwort

Streit, Tränen und Enttäuschungen, extrovertierte und introvertierte Phasen gehören zum Leben – auch bei Kindern. Unsere Idealvorstellungen von immer fröhlichen kleinen Mädchen und Jungs mit roten Backen sind Ideale, nicht die tägliche Wirklichkeit. Auch Kinder erleben Momente der Trauer, der Belastung und Anspannung. Und diese können vorübergehend zu einem auffälligen Verhalten – auch in der Gruppe – führen. In solchen Situationen reicht es oft aus, sich als Eltern, Erzieherinnen oder Lehrerinnen Zeit zu nehmen, um die Ereignisse der letzten Wochen zu überdenken. Denn häufig können wir den Gründen für die Auffälligkeiten so auf die Spur kommen und dort direkt mit Spielen, Geschichten und Gesprächen ansetzen.

Es gibt aber auch soziale Schwierigkeiten grundlegenderer Natur. Nicht jedes Kind fühlt sich in Gesellschaft anderer Kinder wie ein Fisch im Wasser. Auch unter Kindern gibt es den eher eigenbrötlerischen und den eher gesellschaftsorientierten Typ. Die Probleme im sozialen Verhalten können mit dem Reifegrad des Kindes, mit seiner Seelenlage und seinen Familienumständen zu tun haben. Dann braucht es die langfristige, geduldige und liebevolle Hilfestellung der erwachsenen Bezugspersonen.

Diese beiden Ursachen sozialer Schwierigkeiten sind klar zu trennen, denn sie erfordern unterschiedliche Arten der Hilfe für die betroffenen Kinder. Die zuerst genannten Gründe für soziale Auffälligkeiten sind weitaus häufiger und eher harmlos. Deshalb ist es ganz wichtig, daß wir aus der einwöchigen Prügelphase des Kindes nicht gleich einen Verdacht auf tiefsitzende Probleme entstehen lassen. Selbstverständlich sollten wir als Eltern und Erzieherinnen jedes uns anvertraute Kind aufmerksam begleiten, Veränderungen in seinem Verhalten beobachten und deren Ursachen ergründen. Durch unser Wissen, unsere Anteilnahme und Erfahrung können wir dann Wege finden, die dem Kind aus seiner momentanen Schwierigkeit heraushelfen. Das erfordert aber nicht zwangsläufig den Gang zum Therapeuten oder zur Schulpsychologin, sondern unser eigenes Engagement. Diese Phasen im Leben der Kinder sind vielmehr eine Aufforderung, uns Zeit für das betroffene Kind zu nehmen und ihm Zuwendung zu geben – delegieren können wir das nicht!

Anders verhält es sich mit grundlegenden, über längere Zeiträume beobachtete soziale Schwierigkeiten und Auffälligkeiten. In solchen Fällen ist oft der Rat einer Fachperson hilfreich und notwendig.

Doch keine Therapie allein, und sei sie noch so gut, kann ein Kind von seinen grundlegenden Problemen in der Gruppe heilen! Denn Therapien beanspruchen nur einzelne Stunden in der Woche, zu denen dem Kind die volle Aufmerksamkeit einer Fachperson geschenkt wird. Sie kann aus dem Verhalten und den Aussagen des Kindes auf die Ursachen für seine Schwierigkeiten schließen und kennt eventuell Wege, um dem Kind zu helfen. Doch wenn diese Therapiestunden Inseln bleiben, wenn wir Eltern und Erzieherinnen die Hilfe für das Kind an die Therapeutin delegieren, wird sich gar nichts ändern. Nur in der intensiven Zusammenarbeit mit den Fachpersonen können wir dem Kind helfen.

Der Glaube an die Psychologie ist heute sehr umfassend. Oft vergessen wir dabei aber, wieviel eigene Arbeit zur Therapie hinzukommen muß, damit sie etwas bewirken kann. Eltern und Erzieherinnen befinden sich in einem Prozeß, der einiges an Selbstkritik und Selbsterziehung erfordert. Manchmal brechen eigene Wunden auf, ein Umdenken in gewissen Erziehungsbereichen oder die Verabschiedung von Idealbildern, die das Kind belasten, obwohl wir damit nur Gutes bewirken wollten, ist nötig. Doch dieser Einsatz lohnt sich! Er kann dem Kind helfen, sich in der Gruppe wieder wohl zu fühlen, offener und vertrauensvoller auf das Leben zuzugehen und seine Eltern und Erzieherinnen als

Menschen zu erleben, denen es am Herzen liegt.

Vorliegendes Buch enthält viele Anregungen für die kurz- und die langfristige Hilfe. All das sind Vorschläge, wie Eltern oder auch Großeltern die Ursachen von sozialen Auffälligkeiten erspüren können, wie sie Kindern mit Geschichten, Traumreisen und Spielen helfen können. Doch diese Ideen können niemals die eigenen Gedanken und Ideen der direkten Bezugspersonen eines Kindes ersetzen. Denn jedes Kind ist ein Individuum, und seine Eltern kennen es am besten.

Scheuen Sie sich deshalb nicht, die Ratschläge in den verschiedenen Kapiteln umzugestalten und sie den Bedürfnissen und Vorlieben Ihres Kindes anzupassen. Wenn Sie Ihre Phantasie und Ihr Wissen um das Wesen Ihres Kindes mit den Vorschlägen in diesem Buch verbinden, bereichern Sie die darin enthaltenen Gedanken und vervollständigen es zu einem auf Ihr Kind zugeschnittenen Ratgeber.

ISBN 3-419-53301-2

ISBN 3-419-53304-7

**Bücher,
die Eltern und
Kindern gut tun**

ISBN 3-419-53305-5

Impressum

© 1999 Christophorus-Verlag GmbH
Freiburg im Breisgau

Alle Rechte vorbehalten –
Printed in Germany

Jede gewerbliche Nutzung der Arbeiten
und Entwürfe ist nur mit Genehmigung
der Urheber und des Verlags gestattet. Bei
Anwendung im Unterricht und in Kursen
ist auf dieses Buch hinzuweisen.

Gesamtherstellung: Hampp Verlag, Stuttgart
Fotos: S. 2–3, 18, 24, 48, 57, 58, 62, 95 Jutta
Weser; S. 4, 7, 8, 12, 14, 26, 30, 34, 50, 52,
55, 67, 69, 74, 79, 80, 86, 93 Heidi Velten
Titelfoto: Gertie Burbeck
Illustrationen: Michael Luz
Satz: pws Print und Werbeservice Stuttgart
Layoutentwurf: communicate, Stuttgart
Druck: Franz-Spiegel-Buch, Ulm

ISBN 3-419-53311-x